인턴

그저 그런 인턴으로 끝나지 않게

KB044983

셀프헬프 "나다움을 찾아가는 힘"

self·help 시 리 즈

사람들은 흔히, 지금의 내가 어제의 나와 같은 사람이라고 생각한다. 이것만 큰 착각이 또 있을까? 사람들은 매 순간 달라진다. 1분이 지나면 1분의 변화가, 시간이 지나면 시간의 변화가 쌓이는 게 사람이다. 보고 듣고 냄새 맡고 말하고 만지고 느끼면서 사람의 몸과 마음은 수시로 변한다. 그러니까 오늘의 나는 어제의 나와는 전혀 다른 사람이다. 셀프헬프self help 시리즈를 통해 매 순간 새로워지는 나 자신을 발견하길 바란다.

인턴
그저 그런 인턴으로 끝나지 않게

초판 1쇄 발행 2022년 2월 14일
  2쇄 발행 2022년 10월 31일
지은이. 김지은
펴낸이. 김태영

씽크스마트 미디어 그룹
서울특별시 마포구 토정로 222(신수동) 한국출판콘텐츠센터 401호
전화. 02-323-5609
블로그. blog.naver.com/ts0651
페이스북. @official.thinksmart
인스타그램. @thinksmart.official
이메일. thinksmart@kakao.com

•씽크스마트 – 더 큰 생각으로 통하는 길
'더 큰 생각으로 통하는 길' 위에서 삶의 지혜를 모아 '인문교양, 자기계발, 자녀교육, 어린이 교양·학습, 정치사회, 취미생활' 등 다양한 분야의 도서 를 출간합니다. 바람직한 교육관을 세우고 나다움의 힘을 기르고, 세상에서 소외된 부분을 바라봅니다. 첫 원고부터 책의 완성까지 늘 시대를 읽는 기획으로 책을 만들어, 넓고 깊은 생각으로 세상을 살아갈 수 있는 힘을 드리고자 합니다.

•도서출판 사이다 – 사람과 사람을 이어주는 다리
사이다는 '사람과 사람을 이어주는 다리'의 줄임말로, 서로가 서로의 삶을 채워주고, 세워주는 세상을 만드는 데 기여하고자 하는 씽크스마트의 임프린트입니다.

ISBN 978-89-6529-313-2 (13320)

인턴

그저 그런
인턴으로
끝나지 않게

김지은 지음

추천의 글

급변하는 환경에서 인턴에 대한 기업의 니즈는 늘어가고, 준비되지 않은 인턴은 학교에서 배운 지식을 현업에 활용하기 어렵다. 이러한 상황에서 저자는 KPC 한국생산성본부에서의 다양한 경험을 기반으로 인턴과 기업이 함께 성장할 수 있는 현장의 방법을 알기 쉽게 소개한다. 이 책은 직장 생활을 시작하는 사회 초년생 뿐 아니라, 인턴과 함께 일하는 현업의 실무자, 경영자에게도 많은 인사이트를 제공할 것으로 기대한다.

— 안완기, 한국생산성본부 회장

'제대로' 배운다는 것은 내 삶의 기반을 '단단히'하는 중요한 일이다. 특히 사회생활을 처음 시작하는 사람에게는 무엇보다 중요하다. 15년 넘게 여러 언론사 대표 생활을 하면서 많은 사람과 일을 했다. 기본이 탄탄한 사람들을 만나면 회사가 즐겁다. 일이 잘 돌아간다. 그래서 처음부터 잘 배운 사람을 찾게 된다. 사람이 회사를 만들기 때문이다. 이 책을 통해 사회생활을 시작하는 여러분이 '제대로' 첫발을 내디딜 수 있게 되기를 기대한다.

— 이훈, FORTUNE Korea 대표

"처음으로 하늘을 나는 어린 새처럼

처음으로 땅을 밟고 일어서는 새싹처럼"

신경림의 시, '처음처럼'에서 만나는 '어린 새'의 첫 날갯짓은 어떨까? 불안하고 엉성하지만, 하늘로 비상하려는 용기와 희망이 그려진다. 아기가 손바닥을 움켜쥔 것 같은, 투명한 연녹색의 새싹은 햇빛을 받아 눈부시기까지 하다. 인턴은 처음으로 둥지를 나와 세상을 향하는 어린 새이자 새싹이다. 첫 출근길의 그 설렘과 떨림과 엉성함, 그리고 필연적으로 겪게 되는 잦은 실수, 하늘 같아 보이는 선배 직원들의 무관심, 별것 아닌 질책에 혼자 눈물 흘리고 가벼운 격려 한마디에는 하늘을 날 것 같은 기분. 인턴이 처음인 사람들을 위한 가이드북이 나왔다. 이 책의 내용은 수많은 경험에 기초해 있다. 마치 멘토가 옆에서 속삭여 주는 것처럼 인턴이 부딪히는 모든 경우를 함께 고민해 주고 있다. 인턴과 신입사원에게는 사회생활에 도움이 될 지도(map)가 필요하다. 이 지도를 보고 잘 안착하면 도움닫기를 밟은 듯 잘 도약해 멀리 뛸 수 있다. 언론인과 정치인 시절에, 그리고 지금 보험연수원장을 하면서 수없이 많은 인턴사원을 만났다. 이 〈인턴〉 책이 그때 있었더라면 인턴사원들이 더 빨리 성장했을 것이고 회사는 더 좋은 인재와 만나게 되었을 것이다.

— 민병두, 보험연수원장 (20대 국회 정무위원장, 문화일보 정치부장)

문제의식이나 목적의식을 가지고 인턴 경험을 해보고 싶은 MZ 세대들에게 자기다움으로 아름다움을 창조하는 방법은 없을까. 그 비법을 담은 이 책은 저자가 직접 경험을 통해 깨달은 체험적 통찰력의 보고(寶庫)다. 내가 겪어본 깨달음이기에 다른 사람을 설득하는 강력한 지혜로 작용하는 이유다. 모든 시작은 위험하지만 시작하지 않고 나만의 작품을 창조할 수 없다. 이 책은 나만의 경쟁력과 필살기로 세상에 승부수를 던지고 싶은 MZ 세대들이면 누구나 필독하고 참고해야 할 인생 지침서.

— 유영만, 지식생태학자, 한양대학교 교수, 『이런 사람 만나지 마세요』 저자

이제 인턴과정은 입사의 필수과정이 되었다. 채용연계형 인턴은 신입사원으로서의 잠재력을 검증받는 기간이다. 필자는 몇 가지의 개념적인 조언이 아니라 A부터 Z까지 디테일한 팁을 통해 쉽

지 않은 인턴과정을 헤쳐나가는 길잡이 역할을 해내고 있다. 필자의 실제 경험을 통한 생생한 멘토링에 귀 기울여야 할 이유다.

— 김흥식, LG에너지솔루션 CHO(인사최고책임자) 부사장

    책을 읽으며 30여 년 전 공채 후 수습 3개월이 스쳐 지나갔다. 그때 이 책을 읽었다면 움츠러들지 않고, 회사 모든 일에 자신감 있는 사원이 되었으리라. 기업은 정규직으로 채용한 신입이 아닌 만큼 인턴 교육에 별도의 비용을 투자하기 어려워 답답하다. 이에 인턴을 위한 자기 계발이나 지침서가 있으면 좋겠다는 생각이 들었는데 〈인턴〉이 바로 그 책인 것 같아 나도 모르게 읽는 동안 여러 번 박수를 쳤다.

— 이정용, 한국보험신문 사장

제3의 인생, 문 앞부터 제대로 하자

지금은 '인턴 필수시대'라고 한다. 학점과 외국어 점수가 중요했던 대규모 공채에서 직무 중심의 소규모 수시채용으로 점점 대세가 바뀌면서, 신입사원 채용에서 직무 경력을 필수적으로 요구하는 회사들이 늘어나고 있다. 대학에서 주도하는 IPP 현장실습(기업연계형 현장실습)과 인턴십, 기업마다 채용하는 체험형 인턴, 채용연계형 인턴, 채용전환형 인턴, 정부에서 일자리 사업으로 진행하는 채용연계형 교육과 일경험 인턴까지 다양한 제도와 이름으로 불리는 이 모든 것들이 '인턴'을 의미한다.

인턴 필수시대를 다른 말로 '금(金)턴 시대'라고도 한다. 인턴 기회가 '황금보다도 귀하다'라고 할 정도로 인턴 자리를 구하기가 어렵고 취업준비생들 사이에서 경쟁이 치열하다는 뜻이다. 채용 전문회사인 잡코리아와 알바몬의 조사 결과 취업준비생 10명 중 8명은 정규직 전환이 어려운 체험형 인턴에도 지원할 의향이 있다고 한다. '인턴'이라는 제도 자체가 이제는 취업에 꼭 필요한 스펙이고, 직무 경험을 쌓을 기회이기 때문이다. 많은 사람의 꿈의 직장인 유수의 대기업들도 점점 더 신입사원 채용보다 전환형 인턴의 채용 비중이 증가하는 것을 보면, 이제 인턴은 단순한 아르바이트나 체험을 넘어 회사에 입사하기 위한 필수코스가 되어버렸다.

그렇다면 '인턴'이라는 기회에 대한 우리의 생각도 새롭게 정립할 필요가 있다. 인턴이 활성화되지 않던 시절에는 인턴을 회사에서 채용하는 아르바이트생 정도로 인식했다. '아르바이트'를 지원하는 주목적은 돈이다. 내가 조직 생활에 필요한 역량을 키우기 위해서라기보다는 용돈벌이를 위한 행위라는 인식이 훨씬 강하다. 아르바이트생은 책임질만한 일이 거의 없어 계약이 중단될 정도의 심각한 문제 상황이 아니라면 실수를 해도 크게 문제 될 것이 없다. 그래서 아르바이트를 가기 전에 업무를 잘하기 위한 사전준비를 하거나 비전을 가지고 시작하는 경우가 거의 없다.

그러나 요즘의 인턴은 신입사원과 비슷한 수준의 자리에 투입

된다. 특히 채용연계형 인턴의 경우, 입사 여부를 앞두고 있어 근무 중에도 일반 신입사원 이상의 치열한 경쟁을 겪는 일이 많다. 인턴 시절의 나의 태도와 용모, 역량과 업무성과는 후반부에 다른 인턴들과 함께 평가를 받기도 하고, 종료 후 다른 회사에 지원 시 알게 모르게 레퍼런스 체크(Reference Check)[1]를 당하기도 한다.

따라서 인턴을 단순 아르바이트처럼 인식하는 것은 옛날 일이다. 몇 년 전만 해도 신입사원이 실수하면 '쟤 일 못 하는 것 같은데?'라는 말을 듣고, 인턴이 실수하면 '그래, 인턴이니까. 모를 수도 있지.'라는 말을 듣던 시절이었다. 그러나 요즘 인턴들은 신입사원만큼 우수하게 훈련된 수준으로 들어오는 비율이 높고, 사소한 실수가 반복되면 '쟤 일 못 하는 것 같은데? 문제가 많은데?'와 같이 냉정한 평가를 받는 경우도 많다.

필자도 대기업과 사기업에서 두 번의 인턴 생활을 경험한 후에 정규직으로 취업했다. 9개월 이상의 긴 시간 동안 체험형 인턴을, 2개월의 짧은 전환형 인턴을 경험했다. 이때 배우고 쌓인 경험은 회사에 정규직으로 입사하는 문턱에서도, 입사 후 나의 업무에서도, 심지어 지금까지도 큰 영향을 미치고 있다. 전혀 조직 생활에

---

[1] 평판 조회. 이전에 근무했던 이력을 조회하는 것

대한 준비가 안 된 무념무상의 상태로 인턴을 시작하게 된 경험도, 잘해야 한다는 열정이 넘치는 상태로 인턴을 했던 경험도 있다.

또한 필자는 입사 후 업무 특성상 4년 동안 총 20명 이상의 수많은 인턴을 관리하며 함께 근무했다. 다양한 인턴들이 나를 스쳐 지나가는 과정에서 다사다난한 경험을 했고, 잊히지 않는 사건도 많았다. 대부분의 인턴이 비슷하게 하는 실수와 절대 하지 말아야 할 것들, 인턴 경험 중 꼭 알아야 할 것들, 내가 인턴일 땐 몰랐지만 팀장일 땐 보이는 것들까지 공통적으로 알았으면 하는 팁들이 머릿속에 많이 정리되었다. 나의 업무 중 큰 부분을 차지하는 것이 팀 인력 관리였기 때문에, 인턴들을 관리하고 함께 일하는 과정에서 나 역시도 느끼고 배운 것이 많다.

이 책을 통해 이제 막 인턴 기회가 찾아온 여러분에게 소소하지만 영양가 있는 팁들을 전하고자 한다. 대부분 실제 사례가 기반인 내용이고, 인턴의 종류도 워낙 다양하기에 본인의 상황에 활용 가능한 내용을 모아서 '나만의 인턴 매뉴얼'을 스스로 정리한 후에 인턴을 시작하는 것을 추천한다. 금턴 시대에 얻게 된 값진 기회를 최대한 알차고 보람 있게 경험해서, 이후 정규직으로 입사하고 조직 생활을 하는 데 필요한 자양분이 될 수 있기를 바란다.

목차

01.

시도 때도 없이
메모하기

우리에게 메모가 필요한 이유

대부분의 인턴은 초반에 실수를 하기 마련인데, 우리 팀에서 유난히 처음부터 잔 실수 없이 꼼꼼하게 일을 처리하고, 외부 이해관계자들과도 능숙하게 소통하던 인턴이 있었다. 본래부터 꼼꼼한 성격에 소통을 잘하는 친구 정도로 생각했다. 근무 기간이 끝난 지 약 2년 후, 기자재 교체 때문에 우연히 그 친구가 사용하던 컴퓨터를 내가 백업하게 되었다. 혹여나 사업들과 관련된 중요 자료가 컴퓨터에 남아있을까 구석구석 검토하던 중 흥미로운 흔적을 발견했다.

● 안녕하세요, OOO의 김길동입니다. 오전에 메일로 시스템 문의드린 것 관련해서 연락드렸습니다. 저희가 주 3회 멘토링을 진행할 예정인데 별도로 출석 그룹을 구분할 필요는 없을 것 같아요. 전산상 명확한 증빙이 필요한데 저희 쪽에서 어떻게 하는 것이 좋을까요?

● 안녕하세요, OOO의 김길동입니다. OOO 대표님 맞으신가요? 다름이 아니라 저희가 OOO에 광고 배너를 게시하고 싶어서, 진행 가능 여부와 견적 문의를 드리고자 연락드렸습니다.

● 부서장님 안녕하세요, 인턴 김길동입니다. 제가 내일 졸업 사진 촬영이 있어 휴가 예정입니다. 편안한 하루 보내시고, 목요일에 뵙겠습니다 :)

● 안녕하세요, OOO의 김길동입니다. OOO 단체 접수 매뉴얼 관련하여 문의 사항이 있어 연락드립니다. 지금 시스템에서 접수 요청 등록을 진행 중인데, 응시료를 0원 이상 입력해야 등록이 된다고 해서요. 어떻게 해결해야 할까요?

● 안녕하세요, OOO의 김길동입니다. 제가 방금 메일을 하나 보내드렸는데, 혹시 확인하셨나요? 저희가 어제 OOOO 배너를 우선순위로 오전 중에 작업 요청 드렸었는데, OOO 페이지도 금일 중으로 급하게 요청 드리고자 합니다. 혹시 작업이 가능하실까요? 메일로도 말씀 드렸습니다만 촉박한 진행 일정 때문에 신속하게 제작이 필요한 상황인지라 양해 부탁드립니다. 감사합니다

실장님.

놀랍게도 컴퓨터에 저장된 2년 전 메모장에는 '안녕하세요'로 시작하는 수십 개의 메모가 적혀있었다. 내용을 읽어보니 해당 인턴이 근무할 때 본인이 업체 담당자나 이해관계자들에게 전화하기 전, 통화로 전달할 내용을 매번 메모장에 미리 작성해본 후에 전화를 걸었던 것이다. 단순히 목적과 용건뿐만 아니라 인턴 때는 다소 익숙하지 않은 유선 인사말, 비즈니스 말투까지 세세하게 메모했고 전화는 물론 메시지를 보내기 전에도 똑같이 메모장에 먼저 적어 본 흔적들이 고스란히 남아있었다.

메모의 중요성을 한 번 더 실감한 순간이었다. 본인보다 나이 많은 업체 담당자에게 전화를 걸어 요구사항을 전달하고 소통하는 것이 익숙하지 않은 인턴임에도 버벅거리거나 실수하지 않고 자연스럽게 했던 비결은 메모장에서의 연습 덕분이었다.

인턴 업무의 대부분은 고난도의 높은 집중력이 필요한 업무보다는, 소소하지만 여러 가지의 자잘한 업무를 맡는 경우가 많다. 이를테면 협력업체 담당자에게 문의 전화하기, 고객들에게 안내 메일과 안내 문자 보내기, 설문지 취합하기, 파워포인트 장표 그림 수정하기 등 이러한 상황에서 과업이 너무 어렵고 방법을 몰라서 실수하는 경우보다는, 다른 일을 하다가 잊어버려서 놓치는 경우가 대부분이다.

나에게 주어진 일이 별로 어려운 일도 아닌데 초반부터 잦은 실수가 반복되면 점점 상황이 나아지기보다는 스스로 '아니, 내가 이렇게 바보인가?', '내가 어떻게 이런 걸 실수하지?'라는 자책부터 하게 되며, 나에 대한 불신의 감정은 커지고 자신감은 떨어지기 마련이다. 한참 지나서 생각해보면 정말 별것 아닌 것들이었는데 말이다.

이럴 때 가장 빠르고 즉각적인 해결 방법은 '내 눈에 잘 보이는 곳에 메모하는 것'이다. 아날로그식 필기를 좋아한다면 포스트잇(가능하면 눈에 잘 보이는 곳에), 기기가 익숙하다면 스마트폰, 노트북 또는 태블릿 PC의 메모장에 할 것. 수시로 메모를 달고 사는 것이 핵심일 뿐, 메모의 도구는 크게 중요하지 않다. 다음은 메모를 잘하기 위한 몇 가지 팁이다.

첫째, 아침에 출근하면 오늘의 할 일을 업무리스트로 작성해두기. 언뜻 귀찮아 보일 수 있는 행동이지만, 작성하는 데 3분 내외의 시간이 소요되며 내가 오늘 해야 할 일을 빼먹지 않을 수 있는 가장 기본적인 방법이다. 업무리스트는 거창하거나 있어 보일 필요도 없고, 그저 손바닥 크기의 떡메모지에 끄적이면 끝난다. (요즘 다양한 플리마켓에서 파는 귀여운 수제 떡메모지가 얼마나 많은지 모른다) 나열해둔 업무를 하나씩 해치울 때마다 줄을 그어가며 지워가는 것에서 소소한 성취감도 느낄 수 있다.

둘째, 자리에 포스트잇 메모를 깔끔하게 붙일 수 있는 '모니터 메모보드' 활용하기. 모니터 메모보드는 문구점에 가면 손쉽게 구할 수 있는 아이템인데, 자리에 포스트잇을 덕지덕지 붙이면서도 깔끔하게 관리할 수 있도록 도와준다. 모니터의 양옆 부분은 업무 중에 습관적으로 볼 수 있을 만큼 내 자리에서 가장 가독성이 좋은 위치이기도 하다. 첫 출근 후에 사수가 필요한 사무용품이 뭐냐고 물으면 색색의 포스트잇과 모니터 메모보드라고 답하라!

셋째, 업무용어, 작업 순서, 이름과 연락처, 숫자와 같이 외워두면 업무속도가 빨라지는 것들이 메모하기 좋은 내용이다. 처음 회사생활을 시작하면 학교생활에선 접할 일이 없어 익숙하지 않지만, 조직 내에서는 빨리 적응해야 하는 용어들이 많다. 이를테면 거래명세서, 출장 명령 전표처리, 예상수지계획 등……

그리고 익숙하지 않지만, 반복적으로 해야 하는 프로세스도 많다. ERP[1]에서 전표처리를 할 때 무엇을 입력해야 하는지, 내부 시스템에 출장 등록을 할 때 어떻게 입력해야 하는지. 초반에 업무 속도를 높이기 위해서는 이렇게 '나만' 익숙하지 않은 것들에 빨리 익숙해지는 것이 중요하다. 눈에 잘 보이는 곳에 메모해두자. 멍 때리거나 한숨 돌릴 때 반복적으로 보다 보면 굳이 외우려고 애쓰지 않아도 익숙해지고 어느새 외워버린 나를 발견하게 된다.

미팅의 필수템, 노트

메신저로 팀원들의 의견을 수렴하던 중, 팀장은 빠른 의사결정을 위해 대면 회의를 소집한다. "이 안건 관련해서 10분 후에 잠시 팀 회의합시다." 새로 온 인턴인 오 매니저를 포함한 팀원들은 "네, 알겠습니다."라고 응답하며, 각자 하던 본인의 업무를 잠시 멈추고 회의 준비를 한다.

- 10분 후 -

회의실에 도착하자 팀원 중 유일하게 맨손으로 참석한 오 매니저에게 의아해하며 팀장이 묻는다. "오 매니저는 빈손으로 왔어요?" 갑작스러운 팀장의 질문에 오 매니저는 머릿속으로 빠르게

---

[1] 기업자원관리. 회사의 통합정보시스템을 말한다.

생각을 해본다. '내가 중요한 자료를 자리에 두고 온 걸까? 나는 안건에 대해 아는 것도 없고, 내가 준비해야 할 관련 자료도 없는 것이 맞다. 나는 이제 막 새로 온 구성원이기 때문이다.' 머릿속으로 빠른 점검을 끝낸 오 매니저가 조심스럽게 여쭤본다. "아, 제가 뭔가 자료를 출력해왔어야 하는 걸까요?" 팀장은 "아니에요. 허허."라며 다른 곳으로 눈을 돌린다.

할많하않(할 말은 많지만 하지 않겠다)의 분위기가 회의실 안을 가득 채우는 이 상황에서, 오 매니저가 두고 온 것은 무엇일까. 회사의 모든 미팅과 회의 자리의 필수템인 '노트'다.

보통 신입사원으로 입사를 하게 되면 첫날 자리에 노트북과 함께 회사 노트를 같이 주는 곳이 많다. 그런 경우에는 누가 알려주지 않아도 별생각 없이 눈앞에 보이는 회사 노트를 손에 들고 미팅에 참석하는 행동이 자연스럽게 연결된다. 그러나 인턴이 부서에 새로 들어왔을 때 노트를 일일이 챙겨주는 곳은 많지 않다. 그래서인지 인턴으로 처음 참석하는 미팅 때 이런 상황은 정말 빈번하고, 누가 지적하지 않으면 이 회의실에서 나 혼자 어색하게 빈손이라는 사실조차 인식하지 못하기도 한다.

내 컴퓨터에 내가 업무 중에 작성한 메모, 책상과 모니터에 붙여놓은 포스트잇들은 사실 나를 위한 메모다. 내가 업무를 꼼꼼하게 잘하기 위해서 활용하는 도구인 것이다. 그러나 미팅 자리에서의 노트는 상대방에게 보여주기 위한 용도가 더 크다. 나는 이 회의에 참석해서 상대방의 발언을 귀 기울여서 듣고 있고, 회의 안건에 대해 적극적으로 고민하고 있다는 것을 쉽게 보여주는 행동 중하나다. 그래서 비즈니스 미팅 때 우리는 쓸 내용이 많지 않더라도 항상 꾸질꾸질한 회사 노트를 손에 쥐고 다닌다.

최근에는 노트 대신 빠른 필기를 위해 노트북을 들고 오거나, 아이패드, 갤럭시 탭, 스마트 노트와 같은 스마트기기를 사용할 때가 많다. 역시나 중요한 것은 도구의 종류보다는 그것이 무엇이든 회의 중 상대방의 발언을 경청하며 집중하고 있음을 보여줄 수 있는 도구와 행동이 필요하다는 것.

마치 겉옷을 입고 외출하는 것처럼, 회의에 참석할 때는 반드시 필기구를 지참하는 것을 습관화 하라. 겉으로 보이는 모습도 실력의 일부인 곳이 회사다.

02.

내가 쓴 모든 문서는
3번씩 검토하기

신입사원으로 회사에 입사한 지 얼마 안 됐을 때의 일이다. 내가 입사하기 한 달 전부터 먼저 들어와 일하고 있었던 A 인턴과 함께 팀으로 같이 일을 하게 되었다. 입사한 지 얼마 안 됐지만, 여러 가지 업무들이 겹쳐서 많이 바빴고 그중의 한 업무가 진행된 교육의 결과보고서를 작성하는 것이었다.

나는 결과보고서의 핵심인 만족도 분석 결과와 결론 및 제언 부분을 작성했고, A 인턴에게는 강사의 이력 사항 정리 업무를 요청했다. 기존의 이력서 한글파일 내용을 PPT 파일에 옮겨와서 정리하는 작업이었다. 나는 이것이 굉장히 초급 난이도의 업무라고 생각했기 때문에, 차마 실수가 있을 것이라고는 생각을 못했다. 여러 가지 업무가 동시에 너무 많이 몰렸고, 그 결과를 상사에게 빠르게 보고해야 했기 때문에 A 인턴이 작성한 강사 이력 사항 페이지는 확인도 하지 않고 메일로 바로 제출해 버렸다. 메일을 받는 이는 우리 부서의 부서장과 지역본부의 본부장이었는데, 갓 입사한 신입사원에게는 하늘 같은 분들이었다.

그날 정신없는 하루를 마치고 퇴근 후 집에서 쉬고 있다가 문득 해당 부분을 검토하지 않고 보낸 것이 생각나면서 자꾸 느낌이 싸했다. 불안한 마음에 부랴부랴 방에서 노트북을 켜고 보낸 메일함에 들어가 보낸 메일에 첨부된 결과보고서 파일을 열어봤다. 충격적이게도 '강사 이력 사항' 한 페이지에만 오탈자가 10단어 이상 있었다. K-Global은 K-Golbal로 되어있고, 칼럼니스트가 칼럼리스트로 되어있는 등 그 순간 온 머릿속이 창피함으로 가득해지면서, 이것은 입사 이래 최대 위기라는 생각이 들었다. 이 파일의 책임자는 신입사원인 나인데, A 인턴이 쓴 오탈자도 결국 나의 책임이고, 이 오탈자가 가득한 페이지를 본부장님이 확인했을 때 충격을 주는 대상도 나일 것이기 때문이다.

다음날 출근해서 A 인턴에게 해당 페이지를 출력해오라고 한 뒤 회의실로 조용히 불렀다. "OO 씨, 지난주에 작성한 이 페이지를 한번 소리 내서 읽어보시겠어요?"

A 인턴은 본인 입으로 읽으면서 끊임없이 발견되는 오탈자들에 스스로 소스라치게 놀랐다. 그 순간의 충격이 너무 컸는지 A 인턴은 이 사건 이후로 근무를 마칠 때까지 다시는 문서 작성 업무에서 오탈자 실수를 낸 적이 없다.

이 사건을 되돌아보면 나와 A 인턴 모두 미숙했다. 바쁘다는 이유로 해당 페이지를 검토하지 않았고, 입사한 지 얼마 안 된 시점인 만큼 절대 실수가 없어야 한다는 압박감에 A 인턴에 대해 이해할 여유는 없었다. 나중에 들어보니 A 인턴은 다양한 현장경험과 경력은 많았지만, 문서 작업은 경험도 능력도 없었기 때문에 [Ctrl]+[C]라는 기본 기능조차 잘 모르고 있었다. 내용을 복사하지 않고 일일이 보면서 입력한 후에 검토하지 않았던 것이다. 지금 A 인턴을 처음 만난다면 그의 경력부터 확인하고 문서 작업 능력이 부족할 경우 그 부분의 학습과 경험부터 쌓도록 지도했을 것이다.

아무쪼록 이 사건 이후 나는 새로 만나는 모든 인턴에게 메일이든 보고서든 어떤 문서이든 상관없이 본인이 직접 작성하는 문서는 꼭 3번씩 검토하는 습관을 들이고, 가능한 상황이라면 직접 입으로도 읽어보라고 이야기한다. 나 역시 인턴 때부터 이 습관이 몸에 완전히 배어서 모든 문서 작업을 할 때 오탈자가 절대 없게 작업을 마친다. 오탈자 검토와 같은 부분은 누구든지 본인이 직접 쓴 글은 실수가 눈에 잘 안 보이고 지나치기 쉽다. 하지만 아무리 본인이 작성한 글이라도 입으로 조용히 소리 내어 읽어보면 오탈자가 한눈에 보인다.

03.

거슬리는 것이 없어야
내용이 읽힌다

모든 문서의 기본, 서식 복사

일을 뛰어나게 잘한다고 평가받는 사람은 저마다 한방이 있다. 이들은 기존에 생각하지 못했던 기발한 아이디어, 성과를 획기적으로 높이는 아이템, 문제 상황을 해결하는 효과적인 개선점 등 남들이 생각지 못한 콘텐츠를 만들어내는 역량이 있다. 그러나 이러한 경우는 아주 극소수의 드문 사례이기 때문에, 남들의 눈에 띄는 재능이 없다고 해서 일을 못 한다고 손가락질 받는 것은 아니다.

그러나 아이디어가 뛰어난 것과 상관없이 어떤 콘텐츠든지 그 문서를 포장하는, 마무리가 엉망인 결과물은 눈살을 찌푸리게 한다. 사람은 시각적인 요소에 예민한 동물이라 본능적으로 문서를 열어볼 때 이 문서의 구성과 모양새가 내용보다 먼저 눈에 들어오기 때문이다. 대부분의 인턴은 이 부분을 간과한다.

인턴으로 회사에 입사한 후 복사, 스캔, 자료조사, 전화 받기 등의 잔업무만 하다가 처음으로 직접 제안서를 내일까지 한 페이지 작성해보라는 지시를 받는다고 하자. 그때부터 하루라는 짧은 시간 안에 신선하고 유의미한 내용을 작성해내야 한다는 부담감으로 온 머릿속이 가득할 것이다. 한참을 머리로 이런저런 고민만 하다가, 일단은 의식의 흐름대로 정신없이 짜낸 생각을 PPT에 담기 시작한다. 막상 내용을 작성하다 보니 한 페이지를 채우기에는 분량이 모자랄 것 같아서 급하게 구글링한 정보도 짜깁기하고, 다른 보고서에 있는 이미지와 도표 자료도 붙여넣는다. 그렇게 한 바닥을 부랴부랴 채워서 상사의 메일로 파일을 던지고 나서야 끝냈다는 안도감과 뿌듯함에 마음이 편안해진다.

그러나 작성자의 감격스러운 뿌듯함과는 달리, 상사의 눈에 보이는 제안서 한 바닥은 그리 아름답지 않다. 파일을 클릭해서 여는 순간 가장 먼저 눈에 보이는 것은 페이지의 맨 상단에 여백도 없이 딱 달라붙어 있는 제목과 그 아래에 하염없이 공허한 여백,

첫 번째 소제목은 폰트 크기가 13.5인데 두 번째 소제목은 크기가 15, 직접 작성한 첫 문장은 나눔 고딕인데 구글링해서 가져온 다음 문장은 맑은 고딕, 첫 번째 본문의 키워드는 글자의 색이 빨간색인데 두 번째 본문의 키워드는 짙은 주황색⋯⋯. 상사는 본문의 내용을 제대로 읽어보기도 전에 한 바닥에 가득한 다채로움에 짜증이 확 올라온다.

내가 읽기 위해서 작성하는 메모나 일기가 아닌, 타인에게 검토를 요구하는 모든 문서는 내용 이상으로 중요한 것이 포장이다. 문서를 열었을 때 눈에 보이는 전반적인 폰트의 크기와 색상, 자간, 줄 간격, 여백과 정렬 등 기본 서식에 '거슬림이 없을 때', 우리는 자연스럽게 내용에 집중하기 시작한다. 내가 엄청난 정성을 들여 작성한 각종 제안서와 보고서도 '깔끔한 포장'이라는 전제 아래에서 그 빛을 발하는 것이다.

이렇게 거슬림이 없는 깔끔한 포장을 누구나 편리하게 할 수 있도록 아래아 한글, Excel, Word, PowerPoint 등 사무실에서 범용적으로 사용되는 문서 작업 툴에는 모두 '서식 복사'라는 아주 중요한 기능이 있다. 간혹 문서 작업을 처음 하는 경우, '서식 복사'를 활용하지 않고 손수 모든 문서의 서식을 하나씩 직접 수정하려 한다. 그러나 이 방법은 작업의 비효율을 떠나서 원하는 깔끔함을 얻기가 쉽지 않다. 똑같은 '맑은 고딕' 폰트라고 하더라도 그 문장에 설정된 자간과 줄 간격 등의 기존 속성들이 다 다를 수 있기 때문이다.

반드시 기억할 것! 서식을 맞추기 위해서는 통일하고자 하는 샘플을 우선 선택한 후, 이후 작업하는 부분에 서식 복사를 적용하여, 수동이 아닌 자동으로 통일시키는 것이 깔끔하다. 또한 문서 작업을 마무리한 경우에도 내용물의 서식들이 깔끔하게 통일되었는지, 놓친 부분은 없는지 검토하는 습관을 들이길 바란다.

회의 자료 출력은 한 눈에 들어오게

"왜 그렇게 앉았다 일어났다 해요? 정신 사납게"

"죄송합니다. 뭘 해야 할지 몰라서……."

"이거 가서 복사 좀 해 와요.

뭐 26년 동안 복사는 한번 해봤겠지."

"네."

"저기 복사기는 어디에……."

"아, 몇 장씩 하면 될지……."

"혹시 종이는 어디에……."

드라마 '미생'에서 인턴 장그래가 입사 후 가장 먼저 한 업무는 자료 복사다. 도대체 복사기는 어디에 있는 건지, 복사 용지는 어디서 어떻게 채우는지, 여러 장씩 한 번에 복사하는 건 어떻게 하는지도 몰라 한참을 헤맨다. 물론 요즘은 복사나 인쇄 등 복합기를 학창 시절부터 워낙 자주 사용하며 자라기 때문에 드라마 미생의 장그래처럼 복사 행위 자체를 헤매는 인턴은 별로 없는 듯하다. 하지만 복합기를 아무리 잘 다뤄도 꼭 한 번씩 실수하는 부분이 있으니, 바로 '회의자료 출력'이다.

"조금 있다가 11시에 우리 팀 예산검토 회의를 진행할
예정이에요. 조 인턴님, 회의 전에 지난주에 작성했던
예산관리 엑셀 시트 5부만 출력해 주세요."

특히나 회의가 잦은 회사들의 경우, 위와 같은 사수의 요청은 아주 흔한 일이다. 조 인턴 역시 회의 참석 인원수인 5명에 맞게 5부를 출력해오긴 했는데 내용물을 보니 역시나 예상한 그대로였다. 내용이 가로로 긴 형태의 엑셀 시트를 출력 기본 설정값인 '세로 방향' 그대로 출력을 해버려서 한 페이지의 내용이 A4용지 두 페이지로 잘려있었다. 시트 배율을 확인하지 않아서 행마다 깨알같이 적혀있는 글자는 너무 작아서 잘 보이지도 않았다. 표 중간의 테두리는 왜 있다가, 없다가, 굵다가 각양각색인가 싶었다. 출력

을 하는 것 자체에는 어려움이 없었지만, 그 출력물을 누군가 읽을 수 있도록 출력 전에 레이아웃을 정리할 생각은 못했던 것이다.

문서 작업 전용 도구인 아래아 한글이나 워드, PPT 자료는 그나마 직관적으로 해결 가능한 부분이 많지만, 엑셀 파일은 숫자와 수식에 집중된 도구인 만큼 문서를 출력할 때 더더욱 신경 써야 할 것들이 많다. 알면 당연히 아는 내용이지만 평소 엑셀을 사용해본 경험이 적다면 반드시 미리 깔끔하게 출력하는 방법을 연습해보라. 페이지 레이아웃에서 용지 방향과 여백, 페이지 나누기 미리보기, 그리고 인쇄 탭에서 페이지 설정 기능 정도만 손에 익혀도 한눈에 한 페이지가 잘 들어오는 출력물을 뽑아낼 수 있다.

가장 중요한 것은 출력물의 용도를 명확히 파악하는 것이다. 스스로가 업무에 참고하기 위해 출력하는 자료라면 레이아웃이 엉망이거나 출력물의 상태가 별로더라도 크게 지장은 없다. 그러나 제3자가 읽는 자료라면 내용만큼 중요한 것이 문서의 포장된 상태다. 하물며 다수의 참석자가 동시에 읽어야 하며, 회의하는 중간에 참고하기 위한 자료라면 더더욱 한눈에 들어오도록 가독성 좋고 깔끔하게 완성되어야 한다. 회의자료를 꺼내자마자 팀장의 눈살을 찌푸리게 해서 그 회의의 주인공이 되어버리고 싶지 않다면 말이다.

04.

어리바리한 아기에서
벗어나라

초짜 티 내지 않고 전화 받기

어느 회사든 인턴으로 입사를 하게 되면 가장 먼저 하는 일 중 하나가 '울리는 옆자리 전화 대신 당겨 받기'다. 난이도가 가장 쉬운 업무 중 하나이고, 부서 내 담당자가 자리를 비웠을 때 전화가 울리면 통상 가장 막내가 당겨 받는 것이 당연하다고 생각한다.

그중에서도 속한 회사가 고객들로부터 문의 전화가 많이 오는 B2C 서비스 업종이라면 이 업무는 잡무가 아닌, 회사의 이미지를 보여주는 아주 중요한 업무 중 하나가 된다. 고객을 응대하는 것은 그게 인턴이든 책임급 직원이든 똑같이 회사를 대표하는 것이기 때문이다. 이러한 전화 당겨 받기 업무를 어떻게 하느냐에 따라 '초짜' 인턴과 '일 좀 잘하는 것처럼 보이는' 인턴으로 나뉜다.

'초짜' 인턴의 전화 받는 목소리를 들어보면 이렇다.

"안녕하세요 OOO회사입니다. 네? 으음, 아 그게-에 제가 전화를 대신 받아서 내용을 잘 모르겠는데에, 담당자분은 자리에 안 계세요. 아 회의 가신 것 같긴 한데, 언제 돌아오실지 잘 모르는데 메모 남겨드릴까요? 아 네, 잠-시 만요. (메모장이랑 펜 찾는 중) 아, 전화번호 앞자리가 어떻게 되신다고 하셨죠? 네 알겠습니다아-."

옆자리의 '일 좀 잘하는 것처럼 보이는' 인턴'의 전화 받는 목소리를 들어보면 이렇다.

"전화 대신 받았습니다, OOO회사의 OOO입니다. 어떤 건으로 전화 주셨을까요? 네, 지금 담당자분이 자리에 안 계셔서, 메모 남겨주시면 전달 드리겠습니다. 성함과 연락처 말씀 주시겠어요? 네. 전달 드리겠습니다. 감사합니다."

이 두 명의 대화 내용은 언뜻 보면 비슷하지만, 초짜 인턴의 경우 공통적으로 아래 세 가지 부분에서 특징이 두드러진다.

첫째, 아기처럼 귀엽고 작은 목소리

물론 아기 같은 목소리는 타고난 특성도 있지만, 힘없이 귀엽고 작은 목소리는 습관적인 부분도 크다. 평소에 프레젠테이션이나 공적인 자리가 많이 없었던 여학생들의 경우, 대다수가 이런 목소리로 회사 전화를 받기 시작한다. 하지만 수화기 너머에 있는 고객은 전화를 받는 사람이 갓 졸업한 인턴인지 10년 차 직원인지 알지 못한다. 고객이 접하는 것이라곤 목소리뿐이기 때문에, 기어들어 가는, 작고 아기 같은 목소리의 응대를 들으면 내가 문의한 이 회사에 대한 신뢰도가 떨어진다. 가끔 진상 고객들의 경우 상대의 목소리만으로 나보다 어린 사람이거나 아르바이트생이라고 판단하고, 반말이나 막말을 하는 등 대하는 태도가 바뀌는 경우도 종종 있다.

둘째, 추임새용 사족, 말끝을 뒤로 길게 늘어뜨리는 어투

추임새용 사족은 상대적으로 남학생들에게 자주 나타나는 습관이다. 당황하거나 바로 대답하기 어려운 상황에서, '어-', '아-', '음-', '저-'와 같은 사족으로 공허한 공백의 순간을 가득 채운다.

말끝을 길게 늘어뜨리는 어투도 추임새용 사족과 비슷하다. 질문에 대답해야 하는데 당황해서 생각할 시간이 필요하거나 허둥지둥 메모지를 찾는 경우, 보통 시간을 끌기 위해 '그게-에'와 같이 말의 끝을 길게 끌고 있는 경우가 많다. 두 가지 사례 모두 목소리만 듣고 있는 고객에게는 은연중에 '이 회사 직원들은 본인이 속한 회사 또는 해당 업무에 대해 제대로 알고 있지 않구나?'와 같은 불신이 생기게 만든다.

셋째, 이름이 없는 자기소개

출근한 지 얼마 되지 않은 인턴들의 공통점은 전화를 받고 자기소개를 할 때 회사명만 말한다는 점이다. "안녕하세요, ○○○회사 입니다." 이름을 말하지 않는 이유는? 무의식적으로 나는 이 회사의 정식 직원도 아니고, 내가 이름을 말하는 순간 나의 답변에 실수가 있거나 문제가 생겼을 때 내가 책임을 져야 할 것 같기 때문이다. 하지만 내가 이 회사의 전화를 받는 순간 외부인에게 나는 회사의 대리인이자, 담당 직원의 대리인일 뿐이다. 나는 이 회사의 구성원이라는 마음가짐조차 없이 잠시 머물다 갈 곳이라고만 생각한다면 내가 어떤 답변을 하더라도 듣는 이의 입장에서는 신뢰가 가지 않을 것이다.

그렇다면 '일 좀 잘하는 것처럼 보이는' 인턴의 전화 받기 스킬은 무엇일까? 위에서 언급한 세 가지 포인트만 조금씩 바로잡으면 된다.

1) 적당한 목소리로 발음을 또박또박 말하고, 목소리 톤이 어른스럽게 들리도록 연습할 것. 타고나길 여리여리하고 연약한 목소리의 여성들이라면 반드시 명심해야 할 내용이다. 감이 잘 안 온다면, 주변 10년 차 선배들이 전화 받는 목소리를 한번 귀 기울여서 들어보라. 롤모델 선배를 한 명 만들고, 고객을 응대하는 말투를 관찰하고 따라 해보는 것도 좋은 방법이다.

2) 추임새용 습관성 사족은 생략하며 말끝은 늘어뜨리지 않고 깔끔하게 마무리할 것. 평소의 내 말투를 돌아보라. 제3자의 입장에서 귀 기울여 보면 나도 모르던 습관성 사족이 반복되는 것을 금방 깨닫게 된다. 이 부분은 비단 전화를 받을 때뿐만 아니라 회사 입사 면접을 볼 때나 다수의 사람 앞에서 프레젠테이션을 할 때도 중요한 팁이다.

3) 첫 멘트는 '전화 대신 받았습니다. OOO회사의 OOO입니다.' 상대방이 내가 누군지 인지할 수 있도록 이름을 말하라.(회사 문화에 따라 조금씩 다를 수 있다) 그리고 '어떤 건으로 전화 주셨을까요?'라던가, '메모 남겨주시면 전달 드리겠습니다.'와 같이 유선

안내 시 자주 사용하는 답변 멘트는 입에 익숙하게 만들어라. 버벅거릴 만한 내용이 아니다.

● **꿀팁 1** 대신 받은 전화의 내용을 담당자에게 전달할 때는 아래의 세 가지만 메모하여 전달하면 된다. '소속과 이름, 연락처, 문의 사항 또는 요구사항 요약'. 이 외의 정보들은 더 듣거나 받아 적을 필요도 없다. 어차피 담당자가 직접 다시 들을 내용이기 때문에.

● **꿀팁 2** 유선상 발신자의 목소리가 잘 안 들려서 대충 메모했다가, 전달받은 당사자가 다시 발신자에게 전화를 걸었을 때 잘못된 전화번호인 경우도 간혹 있다. 도와주려다 욕먹게 되는 대표적인 사례다. 연락처를 받아 적을 때에는 잘못 알아듣는 경우가 많으니 숫자를 네 개씩 따라하며 정확히 확인할 것.

고객 : 4455 에
담당자 : 네, 4455 에?
고객 : 6677
담당자 : 4455에 6677번. 맞으시죠?
　　　　전달 드리겠습니다. 감사합니다.

이렇게 전화 받는 간단한 액션에서부터 기본 모양새와 매너가 갖춰진다면 동료와 고객에게 기본적인 신뢰감을 주게 된다. 나아가 회사 내에서 상사들을 대할 때의 말투와 목소리 톤, 미팅 자리에서의 대화 톤 등 회사생활 전반에서 보이는 외적인 모습은 나의 첫인상을 아마추어로 볼지 똑 부러지는 인재로 볼지 결정하는 중요한 요소다.

초짜 티 내지 않고 메일 작성하기

직장 생활에서 '전화 받기'만큼이나 가장 많이 하는 일은 '메일 보내기'다. 모든 직딩들의 비즈니스 대화는 메일에서부터 시작된다. 상사에게 보고서를 전달할 때, 인사팀에 궁금한 것을 문의할 때, 타부서에 협조 요청을 할 때, 외부인에게 파일을 보낼 때, 고객에게 사전안내를 할 때, 협력업체 담당자와 미팅 날짜를 잡을 때 등 대부분의 의사소통은 메일로 먼저 이루어진다. 사실상 모든 비즈니스의 처음과 끝이 메일이라고 해도 과언이 아니다.

그런데 이러한 업무용 메일에서는 학창 시절에는 사용하지 않았던 직장용어가 본격적으로 등장하기 시작한다. 이를 아는 것은 비즈니스 커뮤니케이션 경험의 여부 차이다. 회사에 들어와서 처음 메일을 작성할 때 대부분의 인턴은 문장의 어투는 어떻게 작성해야 할지, 어떤 용어를 활용해야 할지, 사족을 어떻게 달아야 할지는 모르겠고, 그렇다고 이를 누군가 물어보기에는 왠지 민망한 순간을 한번씩 겪는다.

반대로 사수의 입장에서는 새로 들어온 인턴사원이 처음으로 보낸 메일을 읽었을 때, 콘텐츠를 제대로 읽기 전에 메일의 어투와 용어만 봐도 '이 친구, 완전 초짜는 아닌데? 일 좀 하겠는데?', 또는 '이 친구는 완전 학생이구나. 에고 갈 길이 멀다'와 같이 첫 이미지가 뇌리에 박힌다. 초짜라는 사실을 티 내지 않는 비즈니스 메일의 기본 예시는 아래와 같다.

제　　목 : **[교육사업팀]** 홈페이지 광고배너 오류 검토 요청의 건

받는사람 : [정보관리팀] 김성수 주임

참　　조 : [교육사업팀] 김다라 팀장

비밀참조 : [교육사업팀] 공용메일

내　　용 :

　김성수 주임님 안녕하세요?

　교육사업팀 김나리입니다.

　홈페이지 광고 배너 관련 몇 가지 문의 사항 확인 요청 드립니다.

1) 통합 광고문 내 외부 동영상 재생이 안 됩니다. (모바일, 웹 모두) 링크의 문제인지, 보안상의 문제인지 확인 부탁드립니다.

2) 현재 모바일 환경에서 통합 배너가 호환이 되지 않는 상황입니다. 모바일 사이즈로 별도로 제작해서 드려야 할까요?

급한 건인지라, 위 문의 사항을 **금일** 중으로 **검토 및 회신** 부탁드리며 **유선**으로 말씀드린 이미지 파일을 첨부와 같이 **송부 드리오니** 참고하여 주시기 바랍니다.

편안한 오후 보내시기 바랍니다.

감사합니다. 김나리 드림

위 예시 메일에서 우리가 알아야 할 것들을 하나씩 살펴보자.

첫째, 도구를 정확하게 이해할 것

메일을 읽는 사람은 메일의 의도나 관계, 상황을 정확하게 파악하고자 할 때, 보낸 이와 참조가 누구인지를 확인한다. 따라서 상대방에게 메일을 작성할 때는 받는 사람, 참조, 숨은 참조의 세 가지 도구를 센스 있게 활용하라. 받는 사람은 말 그대로 '나의 메일을 반드시 읽어야 하는 당사자'이다. 파일이나 목적을 전달하고, 답변을 받아야 하는 대상이다.

CC(Carbon Copy)라고 부르는 참조는 '이 메일의 직접적인 당사자는 아니지만, 내용에 개입하거나 함께 인지해야 하는 대상을 포함'한다. 보통 해당 업무의 진행 상황을 알고 있어야 하거나 함께 검토가 필요한 상사를 CC로 넣는 경우가 많다. 상사를 참조로 넣는 경우의 숨은 목적은 상사에게는 내가 이러한 일을 하고 있음을 알리고, 받는 이에게는 이 메일과 관련하여 상사의 지시가 있었음을 알리는 의도이기도 하다. (중요한 사안이라면, 해당 내용에 대해 요약하여 별도로 보고하는 것이 좋다)

BCC(Behind Carbon Copy)라고 부르는 숨은 참조는 '메일 내용을 공유해야 하지만 굳이 수신자 리스트에 노출될 필요는 없을 때 활용하는 기능'이다. 받는 사람이 누군지 알 필요는 없지만, 우리 팀에서 나와 함께 일하는 동료가 해당 내용을 반드시 알고 있어야 할 때 주로 BCC로 함께 메일을 보낸다.

둘째, 메일용 필수 문구에 익숙해질 것

'검토 요청 드립니다.', '회신 부탁드립니다.', '첨부와 같이', '송부 드립니다.', '참고하여 주시기 바랍니다.', '금일 중으로', '금주 중으로'……. 학창 시절엔 접할 일이 없었지만, 비즈니스 메일에서는 필수 구성품처럼 활용되는 문구들이다. 이러한 문구들을 어색하지 않게 자유자재로 활용하기만 해도 초짜 티가 덜 난다. 여기서 한가지 팁. 메일을 격식 있게 잘 쓰는 선배들이 메일에서 주로 쓰는 단어와 문장들을 잘 관찰하고 따라 해보라.

셋째, 제목과 내용은 효율적으로, 사족은 한 줄만

아침에 출근해서 메일함을 열면 업무가 몰릴 때는 수십 통의 메일이 와있는 때가 있다. 특히 여름휴가나 병가를 다녀온 때에는 밀린 메일이 어마어마하게 쌓여있을 것이다. 그럴 때 본능적으로 먼저 클릭하게 되는 메일은 '제목이 중요해 보이는 메일'이다. 나의 메일이 상대방에게는 스팸 메일처럼 시야에 안 보이거나, 다른 메일들을 다 처리한 후에 뒷순위로 열게 되는 메일이 되지 않기 위해서는 제목을 야무지게 써야 한다.

제목은 용건이 한눈에 들어오도록 간결하고 효율적으로 작성하라. 서두는 어떤 이슈와 관련된 것인지를 알 수 있는 사업명이나, 나의 소속을 명시하는 것이 좋다. 외부라면 회사명, 내부라면 부서명을 언급하는 것이 눈에 잘 보인다. 뒤따라오는 문구는 목적을 작성하되, '~합니다.', '~드립니다.'와 같은 문장 형태는 사족이기므로 '~요청의 건', '~안내의 건'과 같이 줄임말로 작성하는 것이 좋다.

내용 역시 구구절절 길게 이야기를 풀어내는 것보다는 최대한 사족을 제외하고 문장을 간결하게 작성하여 가독성을 높이는 것이 좋다. 맥락이 바뀔 때마다 한 줄 띄어 문단 구분을 하는 것과 1), 2)와 같은 숫자 또는 글머리 기호(Bullet Point)를 활용하여 나열하는 것이 방법이다. 비즈니스 메일은 지인에게 감정을 담아 작성하는 편지가 아닌 업무이기 때문에 무엇이든 간단명료하고 깔끔한 전달이 서로의 시간을 절약할 수 있다. 효율적으로 빠르게 일을 끝내고 싶은 것은 모든 직장인의 본능 아니겠는가?

간혹 나의 상사나 고객사 담당자에게 메일을 작성할 때, 미사여구로 친밀감을 어필하고 싶을 때가 있다. 그럴 때는 메일의 주 내용에 감정을 담지 말고, 메일을 마무리하는 하단에 한 줄 정도의 사족을 활용하라. '필요하신 사항이 있으시면 언제든지 연락해주시기 바랍니다.', '오늘도 편안한 하루 보내시기 바랍니다.', '즐거운 주말 보내시기 바랍니다.' 정도의 한줄 마무리로도 사족은 충분하다.

05.

나는 왜 이 일을 하는가?

기업에서는 항상 '비전'이라는 용어를 선호하며 조직 내외에서 다양한 방식으로 활용한다. 해가 바뀌거나 CEO가 바뀔 때는 종종 '비전 선포식'이라는 사내 행사를 열고, 회사 홈페이지에는 우리 회사의 비전에 대해 다양한 영문 키워드와 함께 그려 놓는다. 심지어 채용 면접 때 지원자들에게 우리 회사의 비전이 무엇인지 알고 있냐는 질문을 던지기도 하고, 신입사원 교육의 첫 시간에는 회사의 비전과 핵심 가치에 대한 강의를 진행하기도 한다.

비전이란 조직이 장기적으로 지향하는 목표 또는 방향을 뜻한다. 기업이 조직 구성원들에게 이렇게 끊임없이 비전을 공유하는 이유는 회사가 추구하는 목표를 구성원들이 명확하게 파악해야, 회사가 추구하는 방향대로 업무를 수행할 수 있기 때문이다. 같은 교육 사업이라도 회사가 추구하는 목표가 이윤 창출이라면 사업 후 남게 되는 이익을 중점으로 둘 것이고, 매출 확대라면 남는 이익이 적더라도 사업의 규모를 늘리는 것에 집중할 것이다. 사회공헌이 목표라면 사업의 이익이나 매출보다는 인력양성 후 취업, 재취업으로 연결되도록 하는 것에 더욱 투자할 것이다.

이렇게 같은 업무일지라도 목적과 목표가 무엇인지에 따라 내용과 결과는 확연하게 달라질 수 있다. 이는 조직뿐만 아니라 작은 단위의 개개인에게도 모두 적용되는 내용이다. 부서장이든 부서원이든 인턴이든, 일을 시작하기에 앞서서 먼저 저마다 주어진 일의 최종 목적과 목표가 무엇인지 업무의 전체 맥락을 먼저 이해해야 한다.

간단한 인턴의 업무로 예를 들어보자. 김 팀장은 박 인턴에게 지난달 비용 집행내역을 사업비 관리용 엑셀 시트에 업데이트해 달라고 요청했다. 박 인턴은 정신없이 수십 건이 되는 집행내역을 엑셀 시트 칸마다 세목을 분리하여 꼼꼼하게 채워 넣었다. 입사 후 선배들에게 비용과 관련된 업무는 0 하나로 숫자의 단위가 바뀌기 때문에 오탈자가 절대로 발생하지 않도록 검토를 여러 번 하라는 이야기를 수없이 들어왔다. 혹여나 실수가 있을까 걱정이 되어, 옮겨 적은 집행 내역들을 여러 자례 검토했고, 문제가 없이 보여서 김 팀장에게 파일을 전달했다.

박 인턴 : 팀장님, 사업비 관리 시트 업데이트하여 메일로 송부 드렸습니다.

김 팀장 : 네, 지금 확인하고 있는데. 그래서 잔여 예산이 얼마나 남은 건지 눈에 안 보이네? 왜 잔여 예산 칸에는 아무런 수식이 없나요?

박 인턴 : 아, 죄송합니다. 제가 그 부분은 작성 중에 누락한 것 같아요.

김 팀장 : 지금 이 업무의 목적이 무엇인 것 같아요?

박 인턴 : 비용 집행내역을 업데이트하는 것으로 이해했습니다.

김 팀장 : 업무 자체는 그게 맞는데, 이 일을 하는 목적은 사업비 관리 시트상에서 지난달까지 진행 상황을 파악하기 위해서잖아요? 결국 총량 대비 잔여 예산이 얼마나 남은 건지 결과를 보자고 이 작업을 한 건데, 그 부분을 빼먹으면 비용 집행내역 수십 건을 업데이트한 것이 의미가 없어져요. 업무를 왜 해야 하는지 이해

했다면 이런 실수는 없었을 것 같아요. 누락했더라도 검토하는 과정에서 당연히 발견했겠지?

박 인턴은 작은 실수를 했을 뿐인데, 그 작은 실수가 이 일을 하는 이유에 해당하는 가장 중요한 부분이었다. 업무의 목적이나 목표를 크게 신경 쓰지 않고 눈앞에 주어진 작업을 기계처럼 해치우다 보면 생길 수 있는 흔한 일이다.

특히나 인턴의 경우 처음부터 단독으로 수행할 수 있는 하나의 프로젝트를 맡는 것이 아니라, 부서나 팀에서 이미 진행되고 있는 프로젝트의 중반부에 갑자기 투입되어 업무 중 작은 일부를 지원하는 역할부터 주로 하게 된다. 단발적인 특정 작업을 지시받는 경우가 대부분이다. 게다가 회사에서는 현실적으로 모두 본인 일 하기도 바쁜지라 인턴이 할 일과 관련하여 지시 이상의 전후 설명을 따로 자세하게 해주지도 않는다. 일의 전체 맥락 속에서 내가 이 작업을 하는 목적에 대해 내가 정신 차리고 인지하지 않으면, 정작 힘들게 시간과 노력을 들여 작업한 결과물이 산으로 가버리기 쉽다.

성과를 내기 위한 첫 단추, 내가 이 일을 하는 목적과 목표가 무엇인지 명확하게 이해하고 고려해서 일하라. 일하다가 무의식 중에 딴 길로 새지만 않아도 반은 성공이다.

06.

문제의식이
성과를 만든다

개선점을 찾아라

매년 동일하게 진행해오던 교육사업의 '신규 교육생 모집'이라는 안건으로 팀 회의를 하던 중의 일이다. 분야의 특성상 인기가 워낙 많다 보니 매년 지원율이 항상 높은 과정이었는데, 어느 순간 내용이 비슷한 과정들이 시장에 워낙 많아지면서 올해는 유독 교육생 모집에 난항을 겪고 있었다. 김 팀장은 '교육생 모집률 제고 방안'에 대한 팀 회의를 소집했고, 팀원들은 저마다의 의견들을 준비해서 회의에 참석했다.

백 인턴 : 요즘 핫한 OOO 광고를 진행해보는 것이 어떨까요?

우리 교육과정에 관심이 높은 교육대상자들이 밀집해있을 만한 온라인 커뮤니티를 찾다 보니 OOO 플랫폼이 요즘 대세인 것 같습니다. 이 플랫폼에는 다양한 크기의 광고 배너가 있지만, 그 중에선 메인 배너가 접근성도 좋고 가장 커서 눈에 잘 들어올 것 같습니다. 그런데 담당자에게 견적을 받아보니 단가가 좀 높아요. 1일당 비용이 500만원이라고 합니다. 최소한 1주일은 진행해야 할 텐데 그럼 비용이 3,500만원…….

김 팀장 : 이런. 이 과정의 할당 예산을 훨씬 초과하는데? 너무 고가의 광고를 추가 진행하는 것은 현실적으로 어려울 듯해. 다른 의견 있을까?

이 인턴 : 해당 분야의 사전 수요조사 내용이 교육과정 설계에 얼마나 많이 반영되었는지 광고 안내문의 본문에 어필하는 것은 어떨까요? 저희 교육과정 설계에 참여했던 OO 대표님, OO 파트장님이 사전 수요조사 때 답변하셨던 멘트 자체를 안내문에 추가하면 좋을 것 같아요. 안내문을 보는 사람은 교육에 대한 신뢰도가 높아질 것 같아요.

김 팀장 : 사전 수요조사 때 인터뷰 대상자들에게 우리 개인정보 및 인터뷰 관련 내용을 유포하시 않는다고 안내했었잖아? 그건 대외비[2]라 외부에 배포되는 자료에 공개할 수는 없어. 다른 의견은?

서 인턴 : 별건 아닙니다만, 지원 절차를 조금 간소화하는 것은 어떨까요? 현재까지 저희가 이 교육과정 지원을 받을 때는 항상 광고문 오른쪽에 첨부된 이력서 및 자기소개서 양식을 다운 받아서 작성한 후 광고문 하단의 대표 메일로 발송하는 것으로 진행해 왔어요. 그래도 기업 입사 지원이 아니라 교육을 지원하는 것인데, 이 부분은 필요 이상으로 번거롭게 느껴질 수도 있을 것 같습니다.

제가 지원자라고 생각하면 선택지가 많은 상황에서 우리 과정을 지원하려다가도 절차가 귀찮아서 포기할 것 같아요. 파일을 다운 받고 메일을 발송하는 이중 절차보다는 요즘 트렌드에 맞게 안내문에서 Google docs로 즉시 지원하도록 변경하는 것이 어떨까요?

---

2 외부에 공개되어서는 안 될 정보

김 팀장 : 글쎄, 좋은 의견인데? 매년 동일하게 해오던 사업이라 지원 방식을 바꿀 생각은 못 했네. 지금 이미 광고가 넘어간 상태인데, 하단 프로세스를 변경하는 것에 문제는 없나?

서 인턴 : 문제 될 것은 전혀 없어 보입니다. 바로 링크 만들고 광고 디자인 업체에 요청하면 오후 중에는 반영될 것 같습니다. 그리고 갑작스러운 페이지 변경으로 혹시나 오류가 날 수도 있으니, 지원 링크 옆에 챗봇을 열어놓으면 문의 대응도 빠르게 가능할 것 같습니다.

김 팀장 : 깔끔하네요. 바로 진행하시죠.

회의가 끝난 후 서 인턴의 의견이 즉각 반영되고 나서, 해당 과정의 교육생 모집률은 기존 대비 3배 이상 급증했다. 큰 비용을 들여서 인기 많고 유명한 플랫폼의 고가 배너광고를 진행한 것도, 대외비 정보를 배포해가며 교육내용을 거창하게 포장한 것도 아니다. 단지 링크가 연결되는 버튼 하나를 바꿨을 뿐인데 눈에 보이는 성과를 얻어낼 수 있었다. 성과를 만들어낸 열쇠는 바로 '문제의식에서 나오는 개선점'이다.

모든 일에는 실질적인 성과를 내는 것이 중요한데, 인턴 생활 중에 회사에서 성과를 내기란 정말 희박한 일이다. 우선 인턴이 주도적으로 할 수 있도록 기회가 주어진 업무의 범위가 그리 넓지 않으며 마음대로 결정할 권한도 거의 없다. 또한 인턴이 생각해 낸 새로운 아이디어의 수준은 이미 선배들이 수없이 그 내용의 앞뒤 양옆까지 생각이 끝났을 내용인 경우가 대부분이다. (이는 업에 대한 이해도와 누적된 연륜 때문이 아닐까?) 이러한 상황에서 갑자기 회사에서 무에서 유를 창조한다는 것은 1,000명의 인턴 중 1명 정도만이 가능한 방법일 것이다.

따라서 인턴 생활 중에 우리가 성과를 내는 것은 무에서 유를 창조하는 것이 아니라, 기존에 답습된 것들에 끊임없이 문제의식을 느끼고 개선점을 도출해가는 방식이 적절하다. 지금의 내가 하는 업무는 수준을 고려했을 때 팀장님이나 선배들이 해왔을 법한 일은 아니며, 분명히 이전에 있던 인턴들이 해온 업무일 확률이 높다. 대대로 엄청난 고뇌를 거쳐 온 역사가 있는 업무는 아닐 것이라는 뜻이다.

우리가 문제의식을 느껴야 할 대상은 바로 이 지점이다. 지금 내 손에 쥐어진 기존의 업무들을 당연하게 생각하지 말 것. 지금 내가 하는 일의 결과가 어떻게 해야 좀 더 정확할지? 어떻게 해야 프로세스가 좀 더 효율적으로 진행될지? 불필요한 작업은 무엇인지? 고객 또는 상대방의 관점에서 이 내용은 어떻게 느껴질 것인지? 이러한 문제의식이 쌓여서 도출된 아주 작은 개선점 하나가 팀의 성과를 움직이는 결과도 끌어낼 수 있다.

대안을 찾아라

'이게 가능할까?' 일하다 보면 내 눈엔 불가능한 것처럼 보이는 것을 상대방에게 요구받을 때가 있다. 문제 상황을 좋은 결과로 반전시키기 위해서는 한 발짝 물러나서 넓은 시야에서 접근하는 것이 중요하다. 통상 이러한 경우에는 '가능하다' 또는 '불가능하다'라는 접근으로 사고가 타협 없이 평행선을 가게 된다. 이를 양립하는 두 가지로 보지 말고, 조금 더 큰 그림으로 접근하면 불가능한 것도 가능한 결과를 얻을 수 있다. 더욱 장기적인 관점으로 접근하거나, 새로운 대안으로 선택의 폭을 넓히는 것이다.

인턴으로 외부 여행사와 함께 해외연수를 운영할 때의 일이다. 해외연수에 참석하는 고객들은 주로 60대 이상의 연령층이었고, 나는 연수를 출발하기 전까지 이들의 VOC[3]를 응대하는 업무를 맡았다. 다양한 문의 사항과 요구사항들이 쏟아졌지만, 유독

---

3 Voice of Customer. 고객의 불만 사항.

대응이 힘들었던 것은 인턴이 해결해줄 수가 없는 일들이었다. 가령 연령층이 있는 분들인 만큼 허리가 아프거나 몸이 불편하다며 넓게 앉을 수 있도록 비행기의 비상구 좌석을 배정해달라는 요구를 하는 고객이 네 명 정도 있었다.

여행사 측에서는 비상구 좌석 수는 한정적이기도 하고, 특히나 고연령자는 비상구 좌석 배정이 원칙적으로 불가하다는 답변을 보내왔다. 그렇지 않아도 장거리 해외연수로 걱정이 많은 분들인데, 안된다고만 답변을 했다가는 불만이 더 쏟아질 것이고, 답은 정해져 있으니 난감한 상황이었다.

생각을 한 번만 다시 해보니, 반드시 비상구 좌석일 필요는 없지 않은가? 일반 좌석보다 넓게 앉을 수 있는 공간은 비상구 외에 맨 앞자리 좌석도 있었다. 우선 여행사와의 협상으로 비상구 대신 벽과의 간격이 넓은 맨 앞자리 좌석을 여러 개 확보했다. 그리고 비상구 좌석 배정을 요구하는 고객들에게는 배정이 불가능한 대신 맨 앞자리 좌석으로 배정해 주는 것을 대안으로 제시했다. 덧붙여서 맨 앞자리의 장점(간격이 넓을 뿐 아니라 출구 및 갤리와 위치가 가까워 이동하는 동선이 짧고, 비행 시 흔들림도 덜 함)도 상세히 설명했다.

불가능한 요구사항에 불가능함을 말하는 대신, 유사한 기능을 하는 대안을 제시함으로써 VOC는 해결되고 고객 만족도도 높아졌다. 아마도 많은 서비스업에서 친절하고 빠른 액션으로 고객들에게 만족도가 높은 서비스 맨들의 특징은 이러한 대안을 찾는 것에 아주 능숙하다는 점일 것이다. 새내기 인턴 역시 업에 따라서 외부 고객 응대를 해야 하는 상황이 잦다. 한 끗 차이로 문제를 해결할 수 있는 대안을 찾아보는 과정들이 필요하다.

07.

보고 : 일하고 있음을
알리는 방법

인턴과 사수의 관계뿐만 아니라 팀원과 팀장, 부서원과 부서장 등 조직 내에서의 모든 상하관계는 보통 크게 두 가지 모습으로 분류된다.

첫째, 알아서 보고하는 자와 궁금한 것만 물어보는 자

둘째, 캐물으며 취조하는 자와 취조에 답하는 자

이 두 가지 사례는 보고를 알아서 먼저 하느냐, 안 하느냐의 차이다. 보고의 시점에 따라 관리자로부터 가벼운 질문 정도만 받을 것인지, 취조를 당할 것인지가 나뉜다.

예를 들어보자. 팀장이 서울 지역 교육생 10명, 대전 지역 교육생 10명에게 유선으로 안내 사항을 전달하고 관련 증빙서류를 취합하는 업무를 지시한 상황이다. (D-day 3일 전)

– 3일 후 –

● 사례 1

인턴 A : 팀장님, 교육생 증빙서류 취합 진행 상황을 아래와 같이 보고드립니다.

1) 서울: 총 10명 중 8명 증빙서류 취합 완료

미제출 2명 중 1명: 금일 오후 제출 예정, 1명: 병가로 차주 제출 예정

2) 대전 : 총 10명 중 10명 증빙서류 취합 완료

김 팀장 : 병가 1명은 본인과 통화된 거죠?

인턴 A : 유선 연락을 3회 했으나 통화는 못 했습니다. 문자로 병가 중임을 확인했고, 차주에 퇴원 이후 서류제출 가능하다고 합니다.

김 팀장 : 네. 고생했어요~

● 사례 2

김 팀장 : B씨, 교육생 증빙서류 취합 건은 **진행되었나요?**

인턴 B : 네, 거의 진행 되었습니다.

김 팀장 : 유선 연락은 다 **되었어요?**

인턴 B : 서울지역 유선 연락 안 된 교육생이 1명 있습니다.

김 팀장 : **왜** 연락이 안 된 거죠?

인턴 B : 전화를 세 번 정도 했는데 안 받아서요.

김 팀장 : 문자는 **남겼어요?**

인턴 B : 네. 입원 중이라 증빙자료 다음 주에 제출한다고 합니다.

김 팀장 : 그럼 나머지 교육생들은 증빙자료 취합이 다 **된 건가요?**

인턴 B : 아니요. 1명은 오늘 오후에 제출한다고 합니다.

김 팀장 : 그럼 8명 취합된 건지. 대전 지역은 몇 명 취합된 건지…….

읽기만 해도 피곤해지는 핑퐁이 끝없이 이어진다. (이하 생략)

인턴 A와의 대화에서 김 팀장은 궁금한 점에 관한 질문 1개로 모든 정보를 습득했으며, 사소한 업무임에도 불구하고 인턴 A의 일 처리가 아주 깔끔하고 스마트하다는 느낌을 받았을 것이다. 그러나 인턴 B와의 대화에서 김 팀장은 6번 이상의 질문을 했음에도 아직 필요한 정보를 다 습득하지 못했다. 또한 인턴 B는 팀장으로부터 "너 이거 했니?", "저건 다 됐니?", "이건 한 거야?", "이건

된 게 맞아?"와 같은 **취조형 어투**의 질문을 끝없이 받게 된다. 인턴 A와 똑같이 일했음에도 불구하고 고생했다는 대답이 아닌 캐묻는 핑퐁만 오가며, 상사와의 관계 역시 점점 더 대화하기 싫은 상황이 되어버리는 것이다.

이는 단순히 업무 성과에서 오는 차이가 아닌 전달의 문제다. 보고를 어떻게 하고, 내용 전달을 어떤 방식으로 하느냐에 따라 같은 업무 결과물을 더 있어 보이게 포장하기도 하고, 없어 보이게 깎아내리기도 한다. 상사를 기다리다 못해 캐묻도록 만들지 말고, 시키기 전에 요점만 깔끔하게 정리하여 먼저 보고하라. 좋은 결과물이라면 칭찬과 격려 한마디 더 들을 수 있다. 매도 먼저 맞는 것이 낫다고, 결과물에 하자가 있다면 얼른 피드백을 듣고 수정하는 것이 효율적이다.

08.

하고 싶은 말 말고,
상대가 원하는 것

대구 지역의 클라우드 분야 인력양성 사업을 고객사에 제안하기 위한 사업계획서 작성 중의 일이다. 최 팀장은 유 인턴에게 사업 추진 배경을 뒷받침할 만한 관련 자료를 검색한 후 핵심을 요약할 것을 지시했다.

"유 인턴, 추진 배경은 이 사업의 필요성을 제안하는 핵심 페이지 중 하나에요. 고객을 자연스럽게 설득하려면 뒷받침하는 근거들이 중요하니 잘 찾아서 내일까지 정리해보세요. 클라우드 분야의 인력양성이 대구 지역에 왜 필요한지를 지역의 이슈에 맞춰서 살펴봐야 해요. 이슈는 크게 두 꼭지 정도가 있으면 좋을 것 같아요."

유 인턴은 입사 후 생전 처음 접하는 회사의 시스템과 각종 문서 양식에 적응하는 과정에서 실수가 잦았다. 반복되는 업무에 자신감이 떨어지는 와중에 자료조사 업무를 맡게 되어 너무나도 반가웠다. 자료조사는 대학 생활 때 팀 프로젝트나 리포트 작성을 하느라 수도 없이 해왔기 때문에 다른 업무보다는 훨씬 익숙했다. 구글과 네이버 검색창에 '대구', '클라우드'를 검색해봤고, 관련 뉴스나 논문이 끝없이 나오는 걸 보니 짜깁기만 잘하면 되겠다는 생각에 마음도 편안했다. 대구 지역은 사실 연고도 없고 개인적으로 아는 바도 없었는데, 막상 찾아보니 4차 산업혁명 기술 기반의 다양한 혁신 산업을 추진하고 있는 것이 다행스러울 따름이었다.

다음 날, 유 인턴이 비장하게 정리해서 보고한 두 꼭지는 아래와 같았다.

1. 제목 : 변화와 혁신의 도시, '대구'

    요약 : 5+1 신 성장 산업을 중심으로 하는 대구 스마트시티 조성

    내용 : 스마트 교통, 안전, 환경, 복지, 경제, 행정 등 6대 중점과

    제를 중심으로 타 도시와 구별되는 특화정책 추진 …

2. 제목 : 클라우드 산업 발전을 선도하는 중심지

　요약 : 지방 자치단체 최초의 전사적 업무 클라우드화

　내용 : 지역 클라우드 산업 육성 발전으로 연계하여 대구시 정보화

　　　　업무 시스템의 70%를 클라우드 표준 플랫폼으로 운영 …

PPT 두 페이지를 가득 채워서 장황하게 적혀진 내용을 읽고 최 팀장이 의아하게 물었다.

"대구 지역에 클라우드 인력을 양성이 필요한 이유와 이 내용이 무슨 연관성이 있죠?"

"해당 지역에서 다양한 혁신 산업을 통해 스마트시티를 조성하고 있어서 그에 맞춰 4차 산업혁명 기반 기술 분야의 인재가 필요하다는 내용입니다."

"스마트 시티 조성이 왜 클라우드 인력양성으로 연결되는지 인과관계가 뚜렷하지 않아요. 4차 산업혁명 기반 기술이 클라우드만 있는 것이 아니잖아요? 6대 중점 과제에 대한 내용이 아니라 클라우드 분야에 대한 직접적인 관련 배경이 필요한 겁니다. 두 번째 내용도 단순히 클라우드 플랫폼을 운영한다는 것이 중요한 이슈가 아니라, 그래서 관련하여 인력 문제는 어떤지가 확인되어야겠죠?"

"네, 이해했습니다. 필요성과 긴밀하게 연결되는 내용으로 다

시 작성하겠습니다."

다음은 최 팀장의 검토를 거쳐 최종 수정된 내용의 흐름이다.

1. 제목 : 정보시스템 표준 플랫폼인 D-클라우드 구축

　요약 : 전사적 업무 클라우드화에 따른 지속적인 클라우드 전문

　　　　인력 수요 확대

　내용 : 대구시 정보화 업무 시스템의 70%를 클라우드 표준 플랫

　　　　폼으로 운영됨에 따라 이를 활용 가능한 클라우드 전문 인

　　　　력의 수요도 급격히 확대 … (이하 생략)

2. 제목 : 정부 기관 데이터를 통합 관리하는 대구통합전산센터 건립

　요약 : 대구 통합전산센터 완공 시 상주 근무 인력 600여 명 신

　　　　규채용 예정

　내용 : 대구 통합전산센터는 각종 클라우드 프로젝트 진행을 통

　　　　해 지역 정보기술 산업 활성화에 기여할 것으로 예상되며

　　　　이에 따른 인력 신규채용도 … (이하 생략)

첫 번째 보고 자료에서 유 인턴이 정리한 내용은 상사가 요구
한 내용이 아니라, 본인이 쓰고 싶은 내용이었다. 상사의 요구사
항은 '대구 지역 - 클라우드 분야 - 인력수요'의 연결고리가 명

확한 배경이었다. 하지만 유 인턴은 자료조사를 하던 중 '대구 지역 - 변화와 혁신 정책 - 클라우드 도입'과 관련된 내용에 꽂힌 나머지, 그 부분을 강조하는 데 온 힘을 쏟았을 것이다. 물론 내용을 구상하는 동안 본인의 머릿속에는 어떠한 근거로 '클라우드 도입'이 '인력수요'로 연결된다고 확신했겠지만, 이는 본인의 머릿속에만 있는 그림일 뿐 제3자의 눈에는 보이지 않는다.

보고서를 작성할 때 내용이 처음의 의도와 달리 산으로 가는 것은 머릿속에 어떤 내용이 꽂혔을 때 그 안에서 매몰되기 때문이다. 학창 시절에 리포트를 작성하고 발표를 할 때는 이런 사고의 흐름이 오히려 익숙하다. 큰 주제 안에서 내가 가진 생각과 내가 하고 싶은 내용을 풀어야 하는 경우가 많기 때문이다. 내가 잘 아는 내용일수록 상대방에게 자신 있게 전달하기도 쉽다.

그러나 회사의 경우는 학창 시절과는 정반대다. 우리가 작성하는 대부분의 문서는 누군가의 요구사항이 강하게 정해져 있다. 나의 상사, 팀장님, 고객사 담당자 등 그게 누구든 대상과 요구하는 내용이 명확하다. 따라서 내가 원래 잘 알고 있거나 말하고 싶은 내용이 아니라, 그들이 요구하는 내용을 정확하게 파악하여 문서를 작성하는 것이 핵심이다.

간혹 상사가 두루뭉술하게 지시해서 그가 원하는 결과물이 뭔지 명확하게 파악하기 어려운 경우가 있다. 그럴 때는 바로 "네, 알겠습니다!"라고 답하지 말고, 무슨 작업을 해야 하는지 내 머릿속에 구체적인 그림이 그려질 때까지 질문하라. 질문할 기회를 놓쳤다면, 큰 틀을 잡고 나서 중간보고를 통해 이 방향이 맞는지 상사에게 확인하는 방법도 있다. 모든 작업을 나 스스로 해낸 후에 완벽하게 완성된 결과물을 상대방에게 보고해야 한다는 생각은 버릴 것! 혼자 머리 싸매고 시간과 공을 들여서 예쁜 쓰레기를 만드는 것보다는, 상대를 귀찮게 하더라도 이해가 될 때까지 확인하는 것이 낫다.

09.

지각보단 칼퇴가 낫다.

인턴, 계약직 등 신규인력을 채용하는 면접을 볼 때 필수적으로 묻는 말이 있다.

"OOO님은 평소에 지각하는 편이세요? 시간 약속을 잘 지키는 편이세요?"

이 질문은 아주 형식적이고 가벼운 시간 때우기용 질문 같지만, 의외로 면접의 당락을 결정하는 질문 중 하나다. 물론 면접 자리에서 대부분의 면접자는 당연히 지각은 하지 않는다고 말하지만, 대답을 들어보면 같은 NO에도 조금씩 태도의 차이가 눈에 보인다.

　'난 정말 지각이라는 걸 이해할 수도 없고, 살면서 겪어본 적도 없다. 내 상식 밖의 일이며 피치 못할 천재지변이 아니라면 그럴 일은 없다.'라는 생각을 영혼을 담아 이야기하는 사람이 있는가 하면 '지각은 평소에 잘 하지 않아요. 저는 성실한 사람입니다.' 정도의 가벼운 답변을 하는 사람도 있다. 평소에 '지각이라는 것을 어떤 의미로 받아들이느냐'라는 부분에서 생각이 다르다는 것이 느껴진다.

　지각하지 않는 사람들은 정말 피치 못할 이유가 있지 않고는 평소에 절대로 지각하지 않는다. 이들에게 직장과 집의 거리는 지각과 큰 상관이 없다. 오히려 누가 시키지 않아도 10분~15분 정도 사무실에 일찍 도착하는 경우가 많다. 상사나 주변 사람들의 눈치를 보느라 일찍 온다기보다는, 지하철 열차가 연착되거나 사고로 인해 차가 막히는 등의 돌발 상황을 고려하여 여유롭게 출발한다. 이렇게 절대 지각하지 않는 습관을 지닌 사람들은 대부분 출퇴근뿐만 아니라 모든 업무에서의 D-day에 대한 개념도 비교적 명확하다. 비즈니스상에서 시간문제가 상대로 하여금 얼마나 신뢰도를 떨어트리는 요소인지 정확하게 인지하고 있기 때문이다.

이에 반해 지각을 쉽게 하는 사람들은 보통 이것이 문제라는 인식조차 하지 못한다. 은연중에 '사람이 살다 보면 충분히 있을 수도 있는 상황 또는 실수' 정도로 생각하고 있기 때문이다. 지각을 쉽게 하는 사람들의 지각 사유는 정말 다양하다.

'오늘따라 출근길에 차가 막혀서…….', '지하철 1호선이 연착되어서…….', '세탁기가 터져서 집이 물바다가 되었어요.', '몸이 안 좋아서…….', '이유 없이 늦잠을 자버려서…….'

이렇게 하나둘씩 지각해도 될 이유를 찾다 보면 어느새 지각이 본인이 할 수 있는 선택지로 인식하고 자기 자신에게 관대해진다. 하지만 비즈니스에서 지각이나 시간개념이 없는 것은 그 사람과 업무를 하는 주변 파트너들의 신뢰도에 치명적인 악영향을 미친다. 내가 인지하지 못하고 있는 사이에 돌아올 수 없는 강을 건너게 되는 것이다.

위에 언급했던 지각의 사유들을 다시 한번 되짚어보면 생각보다 아주 쉽게 해결이 가능한 일들이다. 차가 막히거나 지하철이 연착되는 것은 출근할 때 상황이 발생할 수 있는 것을 고려하여 10분 일찍 출발하면 될 것이고, 병원을 들러야 할 만큼 몸이 좋지 않으면 전날 미리 반반차를 쓰겠다고 보고하면 될 일이다. 출근 날 이유 없이 늦잠을 자는 일은 어떤 조직에서 무슨 일을 하든 있어서는 안 될 일이다. 결국 정말 피치 못할 사유는 '세탁기가 터져서 집이 물바다가 되었어요.' 한 가지 정도인데, 이 정도의 사건이라면 한 번 지각한다고 해서 상사에게 신뢰를 잃진 않을 것이다.

지각은 갑작스러운 사건이 아니라 습관이다. 절대 발생하지 않도록 조금만 신경 쓴다면 어렵지 않은 문제이지만, 나 스스로 지각이 습관이 되는 순간 개선하기도, 상대방의 신뢰를 되돌리기도 쉽지 않다. 회사생활이 체력적으로 너무 지친다면 차라리 칼퇴를 하라! 칼같이 정시에 퇴근한다고 야근을 사랑하는 상사에게 밉보일 순 있지만, 상습 지각만큼 치명적으로 신뢰를 잃진 않는다.

10.

혼날 때는 오뚜기 멘탈

인턴 생활을 하다 보면 팀장님이든 사수든 나의 상사가 한번은 정색하며 나를 혼내는 순간이 찾아온다. 내가 정말 실수를 해서 혼날 수도 있고, 혼날 정도의 잘못은 아니지만, 그날따라 팀장의 기분 탓에 발생하기도 한다. 이럴 때 어떻게 대응하느냐가 그 이후 상대방과의 관계에 생각보다 큰 영향을 미친다.

팀장이 인턴에게 모 렌탈 업체로부터 기자재 견적서를 바뀐 상황과 조건에 맞춰서 다시 받아오라는 지시를 했다. 팀장은 이것이 하루면 충분히 피드백을 받을 수 있는 과업이라고 생각했는데, 3일이 지나도 답을 듣지 못했다. 확인해보니 이미 렌탈 업체 담당자는 3일 전에 견적서를 회신했으나 잘못된 부분이 있었고, 인턴은 이 업무를 깜빡해서 받은 파일을 확인조차 하지 않고 있었던 것이다.

팀장은 화가 났지만, 화를 내는 것보단 업무 순서를 가르쳐주는 것이 필요하다고 생각하여 정색하며 설명을 했다.

"OO 씨, 이런 건이 있을 때는 담당자에게 요청한 후에 회신이 왔는지 확인하고, 하루 이틀이 지나도 회신이 없으면 다시 전화해서 재확인 요청하면 됩니다. 회신이 왔는데 요청사항이 반영이 안 됐거나 오류가 있으면 재요청하고 해당 상황에 대해 저에게 공유 부탁해요. 아무런 피드백도 없이 업무를 까먹어버리고 흘려보내면 안 돼요. 사소한 업무일지라도 지시받은 것이 있으면 마무리될 때까지 본인이 책임감 있게 처리해야 합니다."

팀장이 꼰대처럼 훈계하며 이야기할 때, 이를 들은 인턴들의 반응은 다양하다.

- **인턴 A** : "넵, 알겠습니다. 좀 더 신경 쓰겠습니다.", "네, 앞으로 주의하겠습니다."

● **인턴 B** : "어라 저는 분명히 그 부분을 조정해 달라고 이야
　　　　기를 했는데, 업체 담당자가 누락시킨 것 같아요.",
　　　　"제가 일이 너무 많아서, 그 업무는 미처 생각하지
　　　　못했습니다."

● **인턴 C** : "네" 또는 "(대답 없음)"

인턴 A는 '오뚝기', B는 '억울한 변명과 핑계', C는 '주눅 든
태도'로 해석할 수 있다. 그렇다면 위 상황에서 팀장이 원하는 바
는? 이와 비슷한 잔소리를 계속하지 않도록 같은 상황에서 같은
실수가 반복되지 않는 것. 그리고 이에 대해 본인이 앞으로 신경
쓰지 않아도 알아서 본인의 업무를 책임감 있게 마무리해주는 것
이다. 한 마디로 군더더기 없는 제로(0)의 상태를 원한다.

그런데 여기서 인턴 B 또는 인턴 C와 같이 감정적인 대응을 할
경우, 이미 발생한 실수와 별개로 팀장에게 추가로 신경 쓰이는 것
이 하나 더 생기는 상황이 된다. 감정적인 대응이란 흔히 변명과
핑계를 늘어놓으며 억울함을 표출하는 것으로 생각하지만, 기분
이 나쁘다고 상대의 말에 성의 없게 대답하고 무시하거나, 격하게
주눅 든 모습을 보이는 것 역시 강도의 차이일 뿐 감정적인 대응에
해당한다.

이렇게 상대에게 감정 관리를 해줘야 하는 대상이 되어버린 경우, 팀장은 이후에 인턴 B를 대할 때 '뭔가 실수했을 때 변명부터 하는 사람, 저 사람에게 일을 시키고 변명과 핑계를 듣느니 그게 더 피곤하다.'라는 생각이 먼저 들 것이다. 인턴 C를 대할 때는 '저 사람은 내가 이런 말을 하면 또 혼자 위축되고 기죽지 않을까? 내가 하는 말을 또 읽씹⁴하고 삐져있겠지?'라는 생각에 해야 할 말을 삼키는 일이 종종 생길 것이다.

가장 현명한 정답은 첫 번째에 가까운 오뚝이 태도다. 오뚝이 태도란 '겸허한 자세로 빠르게 받아들이되, 기죽지 않고 쿨한 모습'을 말한다. 물론 인턴도 사람인지라 억울하기도 하고 기분이 상하기도 하고 순간의 감정들이 있기 마련이다. 그러나 이러한 상황에서 상대가 원하는 바는 나와의 감정적인 갈등이 아닌, 문제 상황에 대한 인식과 업무적인 개선이다.

'나는 당연히 실수를 할 수 있는 미완성의 인턴이며 이제 막 배워나가는 과정에 있음'을 인지하고 있으면 상대와 감정적인 갈등을 겪을 필요가 없다. 혼났다고 과하게 주눅이 들 이유도, 그렇다고 무시하거나 삐딱해질 이유도 없는 것이다. '오뚝이'는 나의 멘탈과

---

⁴ 메시지를 읽었지만, 답장하지 않고 무시하는 것

내 상사의 멘탈을 동시에 관리하는 방법이자, 찜찜하고 불편한 감
정적 갈등 없이 조직에서 상대와 오래살 수 있는 최고의 방법이다.

11.

문제해결은 감성이 아닌 이성으로

남녀가 만나 연애를 할 때, 기분이 좋을 때는 누구나 다 좋지만, 문제 상황에서 어떻게 하는지가 관계의 가치를 보여준다. 이는 매사에 적용되는 이야기다. 회사생활 역시 나를 둘러싼 모든 것이 합리적이고 만족스러울 때는 다들 비슷한 모습으로 평탄하게 지낸다. 그러나 문제 상황이 발생했을 때 어떻게 대응하는지는 사람마다 다른 모습을 보이며 그것이 그 사람에 대한 평가에 큰 영향을 미친다.

팀원 모두가 한창 바쁘게 사업계획서 작업을 할 때의 일이다. 그 팀의 인턴 A는 본인에게 주어진 업무가 많으면 혼자 남아 야근이라도 해서 어떻게든 알아서 해결하는 성격이다. 반면에 인턴 B는 평소 일이 많으면 눈치껏 다른 인턴에게 본인의 일을 슬쩍 나눠서 넘긴다. 퇴근 후에는 취업 준비 등 바쁜 개인 일정을 소화해야한다고 팀원들에게 종종 하소연하곤 했다. 그리고 팀장은 이러한 팀원들의 특징들을 모두 인지하고 있었다.

2~3주 동안 매일 야근할 만큼 사업계획서 작업으로 바쁘고 정신이 없는 시기였다. 어느 순간 팀장이 인턴 A에게는 사업계획서 내용을 취합하는 업무를 맡기고, B에게는 사업계획서가 아닌 그 외의 부수적인 팀 업무를 맡기기 시작했다.

이렇게 며칠을 보내던 중 인턴 B는 점점 현타[5]가 오기 시작했다. 불편한 감정을 어필하기 위해 퇴근 시간 즈음 팀장에게 아래와 같이 문자 한 통만 남기고 인사도 없이 사라져버렸다. "나만 쓸모 없는 존재인 것 같아 기분이 우울하네요. 현타도 오고……." 팀장은 인턴 B의 갑작스러운 감정 표출에 당황하여 답했다. "내일 아침에 커피 한잔하자." 그리고 남아서 정신없이 야근했다.

다음날 (사업계획서 제출 1일 전) 팀장은 인턴 B를 회의실로 불러

---

[5] 현실 자각 타임

커피를 한잔 건네며 무슨 일 있냐고 물어보니 인턴 B가 대뜸 엉엉 울기 시작했다.

"팀원들 모두가 중요한 사업계획서 작업으로 매일 함께 야근 하고, 옆자리 인턴 A도 아주 중요해 보이는 제안서 취합 업무 를 도맡아서 하고 있는데, 저 혼자 중요하지 않아 보이는 업무 만 하고 일찍 퇴근하니까 존재의 가치가 없는 것 같기도 하고 속상해요."
"그렇게 생각했다니 많이 속상했겠구나. 난 평소에 B씨가 항 상 개인적인 업무로 일찍 퇴근해야 한다고 하고, 일이 몰리면 스트레스를 받는다고 들어서 부담 주지 않고 배려해주려고 한 건데. 속상할 만큼 일이 없는 줄 몰랐네."

이 대화로 시작해서 인턴 B는 한 시간 반 동안 울음을 멈추지 못하고 쌓인 감정을 해소했다. 회사에서 감정 표현을 이런 방식으 로 해서는 안 된다는 조언도 한참을 들었다. 티타임 후 인턴 B는 자리로 돌아가서 팀장에게 아래와 같은 메시지를 보냈다.

"오전에 이야기 나누고 나서 기분이 많이 좋아졌어요. 이야기 들어주셔서 감사해요."

인턴 B의 속상한 감정은 해결이 되었지만, 팀장은 가장 바쁜 시점의 오전 근무시간을 감성적인 상담으로 보내고, 사업계획서 작업 마감에 어려움을 겪었다. '여성 인턴이 회사에서 일하다가 감정관리가 안 되면 엉엉 울 수도 있구나.'라는 불필요한 트라우마도 남았다.

여기서 문제 상황은 무엇인가? '이성적인 커뮤니케이션과 감정관리의 부재'다. 사람은 감성과 이성이 공존하며 비즈니스에서 감정을 격하게 드러내는 것은 하수의 모습이기 때문에 감정이 격해지지 않도록 감정관리가 필요하다. 화가 나거나 서운하거나 억울한 것처럼 부정적인 감정이 들 때 무작정 억제 하다 보면 언젠가는 터지고 어디서든 누군가에게든 실수하게 된다. 그래서 이러한 감정이 방치되어 산처럼 쌓이기 전에 이성적으로 해결해가는 감정관리가 아주 중요하다.

회사 내에서 감정 관리 방법은 생각보다 간단하다. 감정이 산처럼 불어나기 전의 커피 한잔으로 빠르게 해결된다. "팀장님, 오늘 중 시간 편하실 때 잠시 면담할 수 있을까요?"

나에게 일이 과도하게 몰려서 버겁지만, 팀장은 그 사실을 인지하지 못하고 있을 때 "팀장님, 최근에 옆 팀 팀장님이 급하게 부탁하신 A와 B와 C 업무가 몰려서, 근무시간에 처리하기에 제 업무량이 조금 버겁습니다. A 업무가 혹시 당장 급한 업무일까요?"

모두가 바쁘게 움직이는데 나만 일이 없을 때, "팀장님, 제가 지금 일이 많지 않아 여유롭습니다. 혹시 제가 도와드릴 만한 일이 있으면 말씀 주세요."

사실 대부분 위와 같은 상황의 경우 팀장은 인턴 각각의 업무량에 대해 항상 인지하고 있지 못한다. 특히나 평소 팀 업무량이 많거나 다수의 인턴이 함께 일하는 경우 더더욱 당장 일이 바쁘기 때문에 인턴들을 하나하나 개별 모니터링 하기 쉽지 않다. 인턴 A가 업무가 과도하게 몰렸다는 것도, 인턴 B가 일없이 놀고 있다는 사실도 몰랐을 뿐, 인지한다면 아주 쉽게 문제해결이 가능한 상황이다. 그런데도 일이 많다고 투덜대는 것처럼 보일까, 옆 사람하고 비교나 하는 어린애처럼 보일까, 눈치를 보며 말은 못 하고 혼자서 마음고생만 하다가 감정이 폭발하는 실수를 하게 된다.

나의 사수는 본인의 일이 최우선이기 때문에, 생각보다 나의 업무량과 감정 상태에 대해 잘 모른다는 것을 기억하라. 또한 어떠한 감정이 깊어지는 상황에서 혼자 해소가 안 될 때, 사수에게 면담을 신청하라. 사수는 나의 문제 상황을 생각보다 아주 빠르고 쿨하게 해결해줄 수 있다. 그리고 순간적으로 속상할 때 회사 사람이 있는 공간에서는 절대로 울지 말 것. 아주 순식간에 지나가는 감정인 경우가 대부분이라, 지나고 나서 반드시 후회한다.

12.

척하면 척, 사수의
야무진 비서로 거듭나기

인턴의 업무역량을 평가하는 기준은 뭘까? 이를 모니터링하고 평가하는 실질적인 주체는 누구인가? 회사마다 조금씩 다르지만 결국 인턴으로서의 내 업무역량을 평가하는 가장 중요한 사람은 나를 담당하고 있는 사수이다. 직장 사수란 '직장에서 자신의 업무를 바로 위 직급에서 봐주는 사람'을 말한다. 사수는 회사마다 다르기 때문에, 그 회사의 1년 차 일수도, 팀장님일 수도 있다. 가장 중요한 것은 내 사수의 업무 스타일에 녹아드는 것이다.

'일을 잘한다'의 기준은 사실 모든 사람마다 조금씩 다르다. 하지만 인력관리가 핵심 업무인 부서장 이상의 관리자 직급과 달리, 일반 직원의 관점에서 '이 친구, 일 잘하네.'라고 체감하고 느끼는 가장 간단한 판단 기준은 '나의 업무에 빠르고 정확히게 도움이 되는 역할을 하는가.'이다. 명확한 평가 기준이 아닌, 본인의 업무 스타일을 기준으로 인턴의 역량을 판단하게 된다는 것이다.

같은 일을 하더라도 사수가 '이 친구 일 잘하네?'라는 체감을 하게 만드는 가장 쉬운 방법은 사수의 야무진 비서가 되는 것이다. 도무지 속을 알 수 없는 내 사수와 손발을 맞춰가는 방법은 아래와 같다.

첫째, 질문하기 전에 레퍼런스[6]를 찾아보라. 어떤 일이든 처음 할 때는 수많은 사소한 순간의 하나하나가 갈등과 고민의 대상이다.

- 엑셀 작업을 할 때 시트를 분리할 것인가, 한 시트에 합칠 것인가?
- PPT를 만들 때 도형을 파란색으로 할 것인가? 남색으로 할 것인가?
- 한글 작업을 할 때 줄 간격을 160%로 할 것인가? 140%로 할 것인가?

---

6 reference, 자료

- 표 내의 문구를 왼쪽 정렬할 것인가? 가운데 정렬할 것인가?
- 파일명 뒤에 ver.를 붙여서 저장할 것인가? 모두 정리하고 최종 버전만 남길 것인가?

모든 의사결정의 기준은 나의 생각이 아니라 기존 레퍼런스이 다. 인턴 또는 신입에게 조직 생활이라는 것은 내가 스스로 만들어 가는 것이 아니라(그런 역할을 해야 하는 단계도 분명히 있지만) 만들어 진 조직에 내가 스며드는 것이 우선이다. 얼마나 자연스럽게 스며 드는지가 곧 얼마나 빠르게 조직에 적응하느냐와 같다. 사수가 옆 에 붙어서 하나씩 알려주지 않더라도 이렇게 기본적인 부분들은 회사의 접근 가능한 각종 기존 문서들을 조금만 살펴봐도 눈치껏 알 수 있다.

둘째, 그 조직에 있는 기간만큼은 사수의 모습을 지속적으로 따라해 보라. 두 차례의 인턴 기간과 신입으로 입사 후 1년 차, 총 세 번의 주니어 경험을 하는 동안 내가 항상 신경을 곤두세우고 관 찰한 대상은 당시의 내 사수였다. 공교롭게도 세 번의 경험에서 나 의 사수들은 모두 배울 점이 많은 멋진 여성 팀장들이었다. 이렇게 일을 직접적으로 지시하고 회사에서 가장 많은 시간을 함께 보내 는 사람이 내 또래 주니어 직원이 아닌 10년 차 이상의 팀장일 경 우 극명한 장단점이 있다. 장점은 하드 트레이닝을 받을 수 있다.

단점은 일이 빡세다!

　나는 팀장의 전화 받는 말투부터 팀장이 주요 고객 또는 나이 많은 상사에게 짓는 표정과 태도, SNS 또는 회사 메신저에서 팀장이 주로 쓰는 용어, 팀장이 작성하는 문서와 PPT 스타일까지 모두 관찰했고 따라 하려고 노력했다. 그 기간이 끝나갈 때쯤이면 매번 같은 부서의 주변 직원들로부터 '너는 리틀 OOO 같아.'라는 말들을 들었던 것 같다. 그 정도로 많은 것을 관찰하고 따라 한 세 번의 경험 동안 나는 그 팀장님들이 오랜 기간 쌓아온 사회생활의 팁들을 단시간에 꽤 습득할 수 있었다. 당연히 팀장들과의 관계도 긴밀하고 가까워질 수밖에 없었다. 모든 것은 사람 사이의 일인지라, 팀장의 톤에 발맞춰서 회사생활을 할 때 상대방도 '이 친구는 나와 손발이 척척 맞는다.'라고 느낄 것이다.

　물론 모든 사수가 훌륭하진 않기 때문에 간혹 내 사수는 정말 형편없다는 생각이 들거나 실망하는 경우도 있다. 그럼에도 사람은 누구나 장단점이 있고, 직장생활을 수년간 해온 선배로부터는 그게 누구든 배울 점이 분명히 있다는 것을 기억하라. 내가 인턴을 하는 기간은, 나의 사수가 입사 후 수년간 쌓아온 사회생활과 업무 노하우의 많은 부분을 빠른 시간 안에 압축해서 전수받을 수 있는 기회라고 생각하면 좋을 것이다.

13.

놀고 있다는 사실을
티 내지 마라

부서에 들어온 지 얼마 되지 않아서 제대로 자리를 잡기 전, 또는 팀에서 중요한 프로젝트가 이제 막 끝났을 때와 같이, 회사 생활을 하다 보면 어느 순간 나에게 주어진 일이 별로 없는 시기가 간혹 생긴다. 업의 특성에 따라 조금씩 다르겠지만 매일의 업무가 평범하게 반복되는 직무를 제외하고는, 일이라는 것이 흐름에 따라 어느 날 갑자기 몰릴 때도 있고, 갑자기 없을 때도 있다. 일이 없을 때는 팀장에게 솔직하게 이야기하고 업무를 요청할 수도 있겠지만, 팀장이 너무 바쁘거나 굳이 그럴 필요가 없는 상황도 있다. 내 자리에 앉아 있는데 일이 없고 무슨 일을 해야 할지 모르겠다. 이 상황에서 어떻게 하는 것이 현명한 것인가?

가장 어리석은 행동은 '내가 놀고 있다는 사실을 온 천하에 당당하게 드러내는 것'이다. 회사생활에서 항상 명심해야 힐 두 가지는 나에게 주어진 일이 많든 적든 계약된 근무시간은 '업무시간'이라는 것, 그리고 회사의 구성원들은 타인에게 깊은 관심은 적고 얕은 관심은 많다는 것이다. 나와 같은 라인에 앉아 있는 옆 팀 팀장은 내가 어떤 사람이며 무슨 일을 하고 있고, 나의 장점이 무엇인지와 같은 정보에는 크게 관심이 없다. 그러나 화장실을 가려고 복도를 오가면서 은연중에 보이는 내 모니터에 친구들과의 대화창만 잔뜩 켜있거나, 인터넷 쇼핑몰을 켜놓고 신나게 아이쇼핑을 하는 순간의 모습은 너무나도 잘 보이는 것이다.

나에게 주어진 업무를 모두 끝냈는지에 대해 같은 공간에 있는 동료들은 알지 못하며 알 필요도 없다. (나의 팀장조차도 본인 일로 바빠서 내 업무에 대해 잊고 있는 경우도 많다)나는 나의 업무를 효율적으로 빨리 끝내고 내 개인적인 시간으로 활용하는 합리적인 상황일지라도, 동료들은 그저 그 상황을 '업무시간에 딴짓을 하며 놀고 있다'라고만 판단할 것이다. 내 일도 열심히 했고 성과도 잘 냈는데, 모두가 나를 일 안 하고 노는 사람으로 인식하는 것은 아주 억울한 상황이다.

여유로운 근무시간에 빈둥빈둥 노는 것을 티 내지 않고 시간을 보내는 방법은 다양하다. 정신없이 일하다 보니 어느새 컴퓨터 바탕화면이 가득 차버렸지만, 안에 무슨 파일이 들었는지 기억도 나지 않는 정체불명의 수많은 폴더, 여러 차례 문서를 수정했다는 흔적을 고스란히 남긴 ver. 파일들까지 언젠가는 찬찬히 정리해야 할 잔재들이 생각보다 많다. 청소가 끝났다면 남는 시간은, 정신없이 일하면서 지나쳤지만, 자세히는 이해하지 못했던 내용에 대해 검색해 찾아보거나 공부할 기회다. 내가 열람할 수 있는 범위 내에서 기존 선배들이 작성한 결과보고서나 PPT 발표 자료, 내부 보고자료 등의 레퍼런스를 보며 회사 내부에 대해 이해하고 공부하는 것도 유익한 방법이다. 무엇을 하든 '일을 안 하거나 못하는 사람처럼' 보일 일만 자초하지 마라.

14.

'조직'에 스며든다는 것

HRD[7] 용어 중 '조직문화'라는 것이 있다. 조직구성원이 조직 생활을 통해 학습하고 공유하며, 전수하는 규범으로 조직구성원 들의 생각과 의사결정, 행동을 결정하는 의식을 말한다. 결국 조 직은 나 혼자 만들어가는 것이 아니라, 오랜 시간 견고하게 만들어 져온 조직에 내가 자연스럽게 스며드는 것이다.

그런데 또 이것이 말처럼 쉽고 간단하지 않다. 조직이라는 것 이 그림처럼 명확하게 짜여있는 네모난 틀이 아니라 다수의 사람

---

7 인적자원개발, 신입 연수와 직장 내 교육훈련 등 직무 교육을 담당한다

이 형성해온, 눈에 잘 보이지 않고 잡히지 않는 틀이기 때문이다. 어느 조직이든 비슷한 구성원들끼리 오래 함께 하는 과정에서 문화가 답습되어 굳어지기도 하고, 시간이 흐르면서 구성원의 세대교체에 따라 변하기도 하고, 이방인의 나비효과로 엄청난 변화가 일어나기도 한다. 식기세척기를 구매하면 딸려오는 사용설명서처럼 정해져 있는 공식이 아니라는 것이다.

한 가지 불변의 진리는 이러한 조직 내에서는 '사람'과 함께 살아가야 하는 것이 생활의 필수적인 조건이라는 것이다. 나의 옆자리 동료들과도 합이 맞아야 하고, 선배라는 기존 조직구성원들에도 자연스럽게 스며들어야 하며, 나의 사수와의 관계도 항상 관리해야 한다. 이 모든 것이 조직 생활을 구성하는 기본 요소들이다.

요즘에는 나에게 주어진 업무 외에 이렇게 조직에 적응하기 위해 타인의 눈치를 보고, 관계를 고려하여 행동하고, 항상 피곤하게 감정 소모를 해야 하는 조직 생활이 나와 맞지 않다고 느껴서 젊은 나이에 퇴사하고 프리랜서로 일하거나 창업을 하는 경우도 많다. 이미 만들어진 둥지 안에서 타인들에게 적응해가며 살 것인가, 둥지를 포기하고 내가 모든 것을 책임지되, 사람에 치이지 않고 자유롭게 살 것인가. 이 또한 본인의 선택이다.

필자 또한 학창 시절 동안 줄곧 그려왔던 미래는 영화배우이자 프리랜서로 내 선택에 따라 방송 활동을 하며 자유롭게 사는 것이었다. 이직한다면 10년, 장기 근속한다면 길게는 30년까지도 같은 조직에 소속되어서 매일 규칙적으로 반복되는 삶을 산다? 태어나서 25년간 그러한 내 미래 모습은 상상조차 해본 적이 없었다.

'나는 절대로 할 수도 없고 하고 싶지도 않은 것'이라고 막연하게 거부했던 회사라는 조직 생활을, '이거 생각보다 할 만하고, 나름대로 내가 이 생활에 잘 맞는구나?'라고 생각을 바꿔준 것이 바로 내 첫 인턴 경험이었다. 물론 '이러한 조직 생활을 내가 편안한 마음으로 평생 할 수 있을 것인가?'에 대한 확신까지는 아직 없다. 하지만 당장 지금 나의 일터로서의 직장 내 조직 생활은 꽤 할 만하다는 것이 내 결론이다.

모든 것이 사람 간의 일이겠지만 학창 시절엔 내가 노력해서 스며들 필요가 없다. 내가 좋아하는 친구들과 어울리고, 내가 편한 사람과 조별 과제를 하면 된다. 내가 싫어하거나 불편한 사람, 끌리지 않는 사람과도 적응하며 지내야 하는 조직 생활과는 분명히 다르다. 인턴 또는 신입으로 회사를 다니면서 조직 생활이 나에게 새로운 둥지로 이해되는지, 그저 힘들고 불편한 감정 노동으로

만 여겨지는지 스스로 판단해볼 좋은 기회라는 생각이 든다.

15.

옆자리 인턴,
평생 가는 비즈니스 동지

나의 장비, 비즈니스 동지들

나와 같은 시기에 입사하여 옆자리에 앉아있는 동기 인턴은 겉으로 보기엔 별 볼 일 없어 보이는 그저 내 또래의 사람일 뿐이다. 그러나 여기서 '또래'라는 것이 시간이 흐르면 흐를수록 내 직장 생활 장기 레이스의 중요한 장비 중 하나가 된다.

옆자리 인턴의 의미는 '체험형 인턴'이라면 정말 옆자리에 앉은 나와 같은 인턴, '전환형 인턴'이라면 나와 같은 조직에서 계속 함께 다니게 될 수도 있는 인턴, '신입사원'이라면 같은 조직에 입사하여 계속 함께 다니게 될 입사 동기를 말한다. 독자의 상황에 따라 조금씩 다르지만, 이들의 공통점은 나와 비교적 유사한 분야에서 유사한 수준의 연령대, 스펙, 커리어 계획을 가지고 있다는 점이다. 이들은 앞으로 내가 어디에서 무슨 일을 하든 사회생활을 하는 동안 꾸준히 업무상 도움을 주고받거나 교류할 수 있는 나의 비즈니스 동지들이다.

한 조직에 입사한 지 몇 년 이상 지나고 나면, 이직해서 올해 새로 들어온 능력 있는 경력직과 비교했을 때 무조건 내가 우세하게 가지고 있는 뒷배가 있다. 바로 입사 시절부터 고난을 함께 해쳐온 나의 동기들이다. 이들에게 어떠한 목적을 가지고 수단으로 활용하고 지내서 뒷배인 것이 아니다. 그저 나와 가까운 동년배의 동기들이 타 부서에 개미처럼 퍼져있다는 것이 자연스럽게 든든한 뒷배가 된다. 특히나 앞으로 점점 더 부서 간 협업과 커뮤니케이션은 중요한 역량이 될 것이다. 타부서에 아주 작은 것 한 가지를 문의를 하거나 요청할 때도 생판 모르는 자에게 예의를 신경 써가며 조심스럽게 요청하는 것과 십년 지기 내 동기에게 요청하는 것은 전달도 결과도 다르다.

내가 둥지가 바뀌었더라도 동지들의 역할은 비슷하다. 꼭 같은 조직 내에 함께 있어야만 동지는 아니다. 나는 대기업 A사 인사팀에서 박 인턴과 동기로 함께 인턴 생활을 했고 꾸준히 연을 이어오고 있다. 박 인턴은 인턴 기간 종료 후 A사의 HR 부서[8]에 입사했고, 나는 그와 달리 재직자 교육 전문회사인 B사로 입사를 했다.

입사 후 박 인턴은 A사 인사팀의 HRD 담당자가 되어서, A사 직원들 대상의 맞춤형 직무 교육을 해줄 수 있는 업체를 찾고 있었다. 멀리 찾을 필요도 없이 업계에서 가장 규모가 크고 평이 좋은 B사의 교육담당자가 본인의 인턴 동기인 나였다. 박 인턴은 발품 팔 필요 없이 B사에 최적화된 교육 커리큘럼을 요청하고, 나는 이미 너무나도 잘 알고 있는 A사에 맞춤형 교육과정을 제공한다. 결국 이 또한 업에서의 나의 인맥이며 돈으로 살 수 없는 자산이다.

내가 인턴을 할 회사가 잠시 머물 곳이라고 생각하면 나의 입사 동기들도, 같이 일하는 동료들도 잠깐 보고 말 사람이라고 생각하는 경우가 많다. 그러나 뭣 모르는 사회초년생 때 만났던 나의 동기들이 나에게 생각보다 긴 시간 동안 영향을 주고받을 수 있는 사람들이 될 수 있다. 인턴 생활에서 만난, 지금은 별 볼 일 없어 보이는 당신의 동기들을 잘 챙겨라.

---

8 인적자원관리, 직원 채용과 부서 이동 등 전반적인 인사관리 업무를 담당하는 부서

피와 살이 되는 동기와의 수다

최근 취업시장의 화두는 '직무 중심'이다. 영업, HR, IT, 마케팅 등 내가 어떤 포지션에서 어떤 일을 할 것인가를 명확히 하는 것이 취업 준비에서 가장 중요한 시작이다. 많은 취업 컨설턴트는 취업준비생들에게 이력서, 자기소개서, 면접까지 특정 회사가 아닌 특정 직무에 집중하여 맞춤형 준비를 하라고 권유한다. 실제 현업에서도 역시 신입이든 인턴이든 해당 직무에 투입되었을 때 가능한 한 빨리 적응하여 업무가 가능한 인재를 원한다.

그러나 입사 이후에는 초점이 조금 달라진다. 체험형 인턴으로 회사 업무에 적응을 하든, 전환형 인턴이나 신입사원으로 업무 역량을 보여야 하든, 본인의 직무에만 집중해서는 시야가 너무 좁아진다. 내가 속한 회사의 '업(業)'이 무엇인지, 회사가 어떻게 굴러가고 돌아가는지에 대한 전반적인 이해도가 낮다면, 목적 없는 쳇바퀴를 돌듯이 나의 업무 역시 단순한 수준의 반복 작업에 그칠 수밖에 없다.

중소기업 이상의 규모가 있는 회사들은 다양한 조직들로 구성이 되어있다. 예를 들어 LNG 발전회사라면 사업기획, 사업개발, 시장분석부터 발전소 운영, 설계관리, 안전관리 등의 현장까지 주사업 관련 부서만 해도 다양한 조직들이 있고, 재무/회계, 감사팀,

HR팀, 홍보팀 등 회사 운영에 필수적인 지원조직들도 있다. 나의 직무가 사업기획이라고 하더라도 발전소 운영이 어떻게 돌아가는지 모르면 기획을 할 수가 없으며, 나의 직무가 HRD 담당자라고 하더라도 사업부서 인력들이 어떤 일을 하는지 이해하지 못하면 교육 기획을 할 수 없다.

이 지점에서 가장 쉽게 첫 단추를 끼우는 방법은 타부서에 퍼져있는 내 동기들과의 긴밀한 소통이다. 동기들과 주기적으로 안부만 묻고 지내더라도 옆 부서에서는 무슨 사업을 하는지 생생한 정보를 한 귀로 간간이 접할 수가 있다. 이러한 정보들이 점점 누적되면 이 회사는 어떻게 돌아가고 있는지 마치 퍼즐 맞춰지듯이 그림이 그려진다.

회사에 대한 기본적인 이해뿐 아니라, 나의 커리어에 대한 고민에도 이러한 정보들은 큰 도움이 된다. 인턴으로 일을 하다 보면 내가 현재 하는 업무가 예상했던 것처럼 나에게 잘 맞는지, 생각했던 것과 크게 다르며 내 성향과 안 맞는지 생각해보게 된다. 내 일이 잘 맞는다면 정말 좋겠지만, 현재 하는 업무가 너무 맞지 않는다면 타 직무에 대한 이해도가 높아야 이후의 대안을 찾아볼 수 있다. 내가 체험형 인턴이라면 인턴 기간 종료 후 취업을 어떤 직무로 준비할지, 전환형 인턴이나 신입이라면 이후 기회가 왔을 때 어떤 직무로 전환배치를 어필할지 생각해야 한다. 이에 밑거름이 되는 타부서의 업무 내용과 그에 필요한 역량, 업무 강도, 부서 분위기까지 수많은 정보를 동기들과의 일상 대화에서 얻을 수 있다.

16.

우리 부서 선배들,
구글링보다 빠른 해결책

1:1 식사의 효과

주변에 눈에 띄게 일을 잘하거나 사회생활 잘한다는 선배들을 보면 신기하게도 공통점이 있다. 그들의 달력에는 2주 치의 점심 일정이 빼곡하고, 다양한 사람들과의 식사 약속이 잡혀있다. 이러한 식사 약속의 대상은 평소 편하게 지내는 동료들뿐 아니라, 그리 편하지 않은 선후배들, 직속이 아닌 타 부서 상사들도 포함되어 있다. 하루라는 한정된 시간 내에서, 점심시간까지도 사회생활의 도구 중 하나로 활용하는 것이다.

이렇게 관계 형성을 목적으로 하는 식사의 경우, 회식과 같은 다수 인원이 참석하는 자리보다는 1:1 식사가 관계를 돈독하게 만드는 것에 훨씬 더 효과적이다. 다수가 참석하는 식사 자리에서는 부서 이슈, 상사 험담, 부동산과 주식 투자 문제 등 착석한 인원들이 함께 이야기할 수 있는 흥미로운 공통분모가 존재하지만, 나의 발언권은 몹시 작고 소중하다. 특히 인턴과 신입의 경우는 발언권이 없는 것이나 마찬가지이다. 이 순간 MBTI의 I 유형의 사람들은 벽보다도 존재감을 어필하기 어려울 것이다.

이에 반해 1:1 식사의 경우 점심을 먹고 티타임을 하는 1시간 동안 오로지 나와 상대방, 두 명만이 대화로 시간을 채워간다. 특히 초면이거나 잘 모르는 상대와의 식사라면 어색한 공기가 흐르는 공백을 메꾸기 위해서 나와 상대방 모두 쉴 새 없이 머리를 굴리며 다양한 화두의 질문을 던지고 답변을 주고받는다. 그 순간의 피로도가 몹시 높을 수는 있지만 1시간이라는 짧은 시간 동안 상대방에 대한 수많은 정보를 습득하게 된다.

나의 직속 상사와 식사를 했다면 1시간 동안 이 사람의 가족관계, 사는 곳, 평소 성격과 취미, 좋아하는 것과 싫어하는 것, 팀원들에게 못마땅해하는 것, 업무에서의 성향 등에 대해 빠르게 파악할 수 있다. 직속 상사는 아니지만 같은 부서의 선배라면 우리 부서에 입사 후 겪었던 주요 스토리, 그 사람이 현재 하는 일과 고충,

업무와 육아 병행의 현실적인 어려움, 주니어인 내 시기에 겪을만한 힘든 상황을 극복했던 방법과 같은 농도 진한 이야기들을 들을 것이다.

공적인 자리에서는 해볼 기회가 없는 나에 대한 이야기도 누군가에게 말할 기회이기도 하다. 흔히 절친이란 비밀을 공유할 수 있는 사이라고 한다. 그러나 회사 사람에게 정말 중요한 비밀은 말하지 말라. 남들에게 흥미로운 주제의 비밀은 언급하는 순간 회사 전체 구성원들이 알게 되기까지 시간이 얼마 걸리지 않는다. 일급 비밀까지는 아니더라도 이렇게 상호 간의 사적인 정보를 주고받는 과정에서 어색하던 관계의 거리는 급속도로 가까워질 수밖에 없다.

구글링보다 빠른 해결책

2020년도 초반 갑작스럽게 불어 닥친 코로나19로 장기간 진행해야 하는 집합 교육들은 운영하는 내내 수많은 혼란과 어려움을 겪었다. 시시각각 변하는 확산 추이에 따라 갑자기 지역별 사회적 거리두기 단계는 4단계가 되기도 하고, 1단계가 되기도 했다. 그리고 '전면 화상교육으로 전환하라.', '좌석을 1m 거리두기가 가능하도록 조정하라.' 등 세부적인 관련 지침 또한 갑작스럽게 내려왔다. 심지어 정부의 지침, 사업 관할 부처의 지침, 학교에 적용되는 지침과 학원에 적용되는 지침들도 모두 조금씩 달랐다. 코로나19와 같이 장기간 내내 강력한 전염 바이러스는 모두가 처음이었기 때문에, 집합교육 사업을 담당하는 많은 실무자는 별도의 레퍼런스 없이 상황에 따라 '발 빠른 대응'을 해야 했다. 아마도 교육 사업을 포함한 많은 대면 서비스업 담당자들이 이러한 상황을 경험했을 것이다.

코로나19로 사회적 거리두기가 갑작스럽게 처음으로 4단계가 되었을 때, 내가 담당했던 오프라인 장기교육도 하루아침에 Teams로 화상강의를 전환해야 했다. 오프라인 집합교육 관리에 익숙했고, 다른 화상회의 프로그램은 이해도가 높았지만, Microsoft Teams는 사용이 처음이라 프로그램에 대한 이해가 필요했다. 하지만 57페이지나 되는 가이드북을 읽거나 YouTube에서 설명 동영상들을 보기에는 시간이 부족했다. 그 상황에서 가장 단시간에 영양가 있는 도움을 받은 곳은 해당 프로그램을 먼저 활용해본 옆자리 선배였다.

"이 프로그램의 비용처리는 어떻게 되나요? 계정별로?
회의실별로? 월말에 지급하나요?"
"이 프로그램에는 소회의실 기능이 있나요?
여러 계정의 호스트를 만들어야 하나요?

아니면 한 계정의 호스트가

여러 소회의실을 개설하고 관리할 수 있나요?"

"교육생들에게는 계정을 다 만들어서 알려줘야 하나요?

회의실 링크만 배포하면 되나요?"

당장 오프라인에서 온라인으로 교육을 전환하는 과정에서 해당 프로그램의 A부터 Z까지의 모든 기능을 전부 알아야 할 필요는 없다. 그보다는 운영에 꼭 필요한 특정 기능들을 정확하게 인지하고 있는 것이 중요한데, 이러한 상황에서 구글링보다 빠른 것은 옆자리 선배(또는 후배)의 경험이다.

이렇게 정보를 선별하는 데에 시간은 좀 걸리더라도 인터넷에 검색해보면 답이 나오는 이슈들도 있지만, 인터넷 검색으로는 도무지 알아낼 수 없는 것들이 당장 필요할 때도 많다.

"제가 오늘 상무님 보고 일정이 있는데,

지금까지 박 상무님과 업무상 대면해본 적이 없어서

좀 걱정이에요. 박 상무님은 어떤 스타일을 선호하시고

어떤 것을 주의하는 것이 좋을까요?

보고는 간단히 하는 것이 좋을까요?

상세하게 말씀드리는 것이 좋을까요?"

"오늘 A 고객사에 제안 발표를 다녀올 예정입니다.

소문으로는 A 고객사의 사업담당자인 권 부장이

항상 면접관으로 들어온다고 하는데,

질문이 매우 공격적이라고 하던데요.

지난 제안발표 때 혹시 경험해 보셨나요?

그분은 어떤 성격인가요?"

"이번 주에 갑자기 팀장님이 점심 회식을 하자고 하셔서

식당을 찾아보는 중입니다. 혹시 팀장님이 평소

선호하는 메뉴가 따로 있으실까요?"

물론 매사에 이런 식으로 깊은 고민 없이 질문부터 던지는 것은 지양해야 하나, 당장 불을 꺼야 하는 급한 상황에서 큰 도움이 되는 것은 나와 똑같은 일을 하는 사람보다는 나보다 조금 먼저 경험한 선배들이다. 선배들이 가진 경험과 노하우는 매뉴얼을 뒤지거나 인터넷 검색으로 얻을 수 있는 것이 아니다. 또한 실패는 성공의 어머니라고는 하지만 매번 직접 실패를 통해 깨닫고 경험하기에는 나에게 주어진 시간이 항상 여유롭지는 않다. 이는 비단 인턴 기간뿐만 아니라 평생의 직장생활에 해당하는 내용이다. 편하게 질문을 할 수 있는 선배들이 주변에 많은 것은 나의 자산이라는 것을 기억하라.

17.

사수는 최고의 자산이자 멘토

내 사회적 평판의 시작

취업과 이직 시장에서는 공공연한 관행이 있다. "레퍼런스 체크(Reference Check)"

레퍼런스 체크란 평판 조회를 말한다. 신입이라면 인턴 생활에서의 평판, 경력자라면 전 직장에서의 평판을 의미한다. 최근에는 개인정보보호법 제정으로 인해 평판 조회 동의서를 받고 공식적으로 검증하는 추세이지만, 일부 회사는 여전히 본인도 모르는 사이에 비공식적인 레퍼런스 체크가 이루어지는 것이 공공연한 사실이다. 그리고 이러한 레퍼런스 체크의 가장 중요한 키를 쥔 사

람은 지금의 내 사수다.

필자가 20명 이상의 인턴들을 거치면서 주변 분들에게 주기적으로 듣는 질문이 있다.

"이번에 새로 온 하 인턴 어때? 일 좀 잘해?"

"이번에 새로 온 박 인턴 어때? 엄청 조용해 보이던데."

"이번에 새로 온 송 인턴 어때?

비용 처리 할 때 보니 실수가 좀 있던데."

"이번에 새로 온 김 인턴 어때?

그 친구 전화 받는 걸 보니까 좀 어리바리 하던데?"

평판이라는 것은 거창한 결과물이 아니다. 가볍게 생각하면 '나'에 대한 사람들의 생각과 이미지가 겹겹이 쌓이면 그것이 평판이 된다. 조직 생활을 몇 년 하다 보면 그 사람에 대한 평판은 마치 페이스트리 반죽처럼 자연스럽게 겹겹이 쌓이기 마련이다. 그러나 갓 들어온 인턴이나 신입사원의 경우 생각보다 주변 사람들의 얕은 관심은 많지만, 그들에 대한 정보를 잘 아는 사람들은 별로 없다. 사수나 같은 팀이 아닐 경우 직접 접할 일도 별로 없거니와 같이 업무를 해볼 일도 드물기 때문이다. 결국 주변 사람들의 얕은 관심과 질문의 답은 사수의 몇 마디로 정리되는 경우가 보통이다.

"하 인턴이요? 그냥저냥 평범한 것 같아요.

보통 인턴들이랑 비슷한 것 같아요."

"박 인턴이요? 낯을 많이 가리긴 하는데, 일은 잘 하더라고요.

최근에 OO 행사에서 고객들 안내를 직접 시켰는데

서글서글하고 싹싹하게 대응도 잘하던데요?"

"송 인턴이요? 그 친구 지금까지 일했던 인턴 중에

제일 잘해요. 아주 성실하고 일도 빠릿빠릿하게 잘해요.

다만 지금 일이 많이 몰린 상황인데

급하게 인수인계를 받아서 조금 어려워하는 것 같아요.

배우고 나면 적응하겠죠?"

"김 인턴이요? 글쎄 저도 들었어요.

문의 전화 대응을 너무 아기처럼 하더라고요.

교육을 여러 차례 시켰는데도 훈련이 잘 안 되네요."

　별생각 없이 무의식중에 나온 사수의 말 한두 마디에, 똑같이 실수했던 송 인턴은 일을 잘하는 사람으로, 김 인턴은 실수가 실력인 사람으로 평가가 되는 것이 평판의 시작이다. 평소 사수와의 관계를 원만하게 유지하고, 나의 업무 현황에 대해 사수에게 성실하게 어필해야 하는 이유 중의 하나이다.

최고의 자산이자 멘토

취업을 준비하는 대학교 4학년 졸업반 학생들이 가장 설레는 단어는 '현업'이다. 학창 시절에 종종 취업 성공한 선배가 성공사례 특강을 하러 오는 '선배와의 대화 시간'이 있었다. 취업 준비를 하는 졸업반 학생들에게 이들은 현업에 계신 하늘 같은 선배님이다. 현업에 대한 선배님의 말씀과 후배들에게 말하는 하늘 같은 조언은 곧 취업의 지름길이자 정해져 있는 정답처럼 느껴진다.

요즘 정부에서 지원하는 수많은 4차 산업혁명 분야 취업 교육 사업에서 가장 핫한 키워드도 '현업'이다. 이 교육은 강사님이 단순히 ICT 기술[9] 강의만 해주는 교육이냐, 현업의 멘토가 함께 교육에 참여하여 현업 맞춤형 교육을 해주느냐의 여부가 그 교육 사업의 품질을 결정한다. 내가 앞으로 입사하고 싶은 회사의 현업에서 근무하고 있는 직장인이라는 것 자체가, 취업을 준비하는 사람에게는 무조건 내가 배울 수 있는 것이 많은 대단한 존재라고 생각하는 것이다.

이렇게 하늘 같은 현업의 선배 중 내가 가장 쉽게 접할 수 있는 대상이 바로 나의 사수다. 나는 휴학 시절 9개월 이상의 인턴 생활

---

9 정보통신기술

을 했다. 그리고 그때 함께 일했던 나의 사수이자 상사였던 A 팀장님은 인턴 종료 후에도 취업 준비하는 내내 나에겐 최고의 현업 멘토였다.

우리는 입사 지원 자기소개서를 쓸 때 보통 인턴 때 있었던 나의 업무 경험과 에피소드를 기반으로 서술한다. 내가 했던 업무와 성과를 가장 잘 기억하는 분이 A 팀장님이었기 때문에 나의 장점을 자기소개서에 어떤 방향으로 어필하는 것이 가장 좋을지, 나의 자기소개서 내용이 현업 담당자의 시선에서는 어떻게 읽히는지 조언을 종종 구했다. 면접 준비를 할 때, 다양한 질문들에 어떻게 답변하는 것이 바람직할지도 필요할 때마다 여쭤보고 도움을 받았다.

이후 취업하여 회사에 입사한 후에도 뭣 모르는 1년 차에 난감한 상황에 처했을 땐 내가 어떻게 행동하는 것이 좋을지와 같은 고민도 A 팀장님에게 의견을 구하곤 했다. 인턴으로 일할 때는 나에게 업무를 지시하고 내가 업무를 보고하는 하늘 같은 상사였지만, 오히려 그 이후에 취업 준비를 하고 입사해서까지 내가 누구보다 편하게 조언을 구하고 예리한 답변을 받을 수 있는 멘토였다.

이렇게 내가 멘토를 얻은 경험도 있지만, 내가 멘토가 되어준 경험 또한 여러 차례 있는 듯하다. 나와 함께 일했던 인턴 중 1/3 이상은 퇴사 이후에도 꾸준하게 연락을 이어오고 있다. 이들의 공통점은 본인이 필요한 순간에 먼저 연락을 잘한다는 점이다.

> "위원님 잘 지내시죠? 제가 이번에 OO회사에 지원을 하는데,
> 바쁘시겠지만 이번 주말에 혹시 제 자기소개서 좀
> 잠깐 봐주실 수 있을까요?"
> "위원님, 제가 다음 주 목요일에 위원님 회사 근처에
> 갈 일이 있는데 혹시 같이 점심 가능하세요?
> 제가 OO회사 면접을 앞두고 있는데 여쭤볼 것도 있고
> 겸사겸사 뵈었으면 해요."
> "위원님, 제가 OO회사의 최종 PT 면접을 앞두고 있는데
> 혹시 한번 봐주실 수 있으세요?
> 위원님 편한 시간에 제가 근처로 찾아가겠습니다!"

그리고 이들의 또 하나의 공통점은 결국 모두 본인이 원하는 분야로 취업에 성공했다는 점이다. 취업을 준비할 때 수많은 외부 취업 컨설턴트나 전문가에게 도움을 요청하곤 한다. 하지만 이들의 자기소개서나 면접 내용을 면접관의 관점에서 가장 잘 검토해 줄 수 있는 사람은 현업에서 해당 업무를 하고 있거나, 나에 대한 이해도가 높은 인턴 시절 내 사수다. 도움을 청했을 때 가장 현실

적이며 실용적인 피드백을 줄 수 있는 대상인 것이다.

물론 간혹 소극적이고 걱정이 낳은 스타일의 경우 이렇게 필요할 때 도움을 청하기 위해 연락하는 것에 부담을 많이 느낀다. 그러나 내 밥그릇은 결국 내가 스스로 챙기는 것이다. 도움을 청하지 않고 바깥에 나돌며 발품을 팔거나, 이 방향이 맞는 것인지 혼자서만 고민하고 끙끙 앓는 것은 몹시 비효율적이다. 심지어 내가 인턴 시절 사수와의 관계 유지를 잘했다면, 이렇게 연락을 했을 때 '아, 일도 바쁜데 나한테 왜 귀찮게 연락하는 거지?'라고 생각할 사수는 한 명도 없을 것이다. 당신의 사수를 평생의 멘토로 활용하라, 그리고 그에 걸맞도록 그와의 관계에 성의를 보여라.

18.

방어운전,
적을 만들지 않는 것

나를 그냥 싫어하는 사람

대기업에 인턴으로 입사한 지 일주일쯤 되었을 때다. 부서에 새로운 인턴이 들어온 것을 환영하기 위해 회사 근처 술집에서 회식을 했다. 학창 시절 MT나 동기 모임은 숱하게 다녔지만, 직장 회식은 처음이라 잔뜩 긴장했던 기억이 난다. 자리에 앉아서도 선배들이 시끌벅적하게 떠드는 회사 정치와 육아 얘기에 무슨 말을 붙여야 할지 몰라 그저 웃으며 듣고만 있었다. 술이 좀 들어가고 나니 부서원들은 본격적으로 어색하게 껴있는 인턴에게 이것저것 질문을 던지며 호구조사를 하기 시작했다.

"학교는 졸업했나? 전공이 뭐예요?"

"집은 어디 살아요? 혼자 살아요? 가족들이랑 같이 살이요?"

"남자친구는 있어요? 한창때인데 왜 연애를 안 해?"

"취미는 뭐예요? 주말이나 평일에 퇴근하면 뭐해요?"

드디어 알아들을 수 없는 회사 정치와 육아 얘기가 아닌, 대답할 수 있는 주제가 생겼다는 사실에 감사하며 상세하게 정보들을 풀어내기 시작했다. 옆에서 대화를 듣고 있던 50대의 부장님도 기다리고 있다가 질문을 하나 던졌다.

"아버님은 뭐하시나?"

"○○ 대기업에서 임원으로 계십니다."

"이야, 임원이면 직위가 어떻게 되시나?"

"지금은 전무님이십니다."

"대기업에서 전무까지 가시다니, 아버님이 대단하신 분이네~ 허허"

말로만 듣던 그 올드하고 진부한 질문, '느그 부모님 뭐하시노?'가 실제로 나왔다는 사실이 속으로 몹시 당황스러우면서도 이것이 회사생활이구나 싶었다. 회사에서는 직접 마주칠 일이 없는 부장님과 대화를 나눌 수 있는 절호의 기회였기 때문에 최대한 성실하게 답변을 드렸다. 너무 사적인 이야기를 모두가 듣고 있는 회식 자리에서 공개적으로 하는 것이 민망했지만 이것이 뭐 그리 문제 될 것이 있겠나 싶었다.

그렇게 신상을 술술 불며 회식이 정신없이 끝나고, 주말이 지난 후 출근을 했는데 그날부터 자꾸만 한 직원이 신경이 쓰이는 것이다. 나이는 비슷한 또래지만, 훨씬 일찍 입사해서 근무한 지 오래된, 부서의 터줏대감 같은 계약직 여직원이었다. 그 직원의 업무는 부서의 소소한 행정 업무들이라 부서의 모든 직원과 왕래가 있었다. 그런데 옆 팀 인턴이나 다른 직원들에게는 친절하면서 유독 나에게만 쌀쌀맞게 대하는 것이다. 기분이 쎄해서 내가 뭔가 실수한 건 없는지 돌이켜 생각해봐도, 실수를 할 만큼의 대화를 한 적도, 오고 간 것도 딱히 없었다.

누군가 화가 나거나 화를 낸 것도 아닌데 기분만 찜찜할 정도로 쌀쌀맞은 상대방의 태도에 '이 직원은 내가 그냥 마음에 안 드는구나.'라는 느낌이 들었다. 그렇지만 나는 누구에게도 미움받을 용기가 많지 않은, 무탈하게 모든 직원과 좋게 지내고 싶은 그저 '인턴'이었고, 그 직원과는 업무상 주기적으로 마주쳐야 했다. 그래서 남들보다 두 배로 그 직원에게 친절하게 대했다. 같은 또래였지만 50대 부장님을 대할 때보다도 더 예의 바르게 대했고, 업무를 요청할 때도 고객사를 대하듯 공손하게 요청했다. 점심시간에 카페에 들려 내 오후 간식을 사다가, 미운 놈 떡 하나 더 준다는 마음으로 그 직원 것도 같이 산 후 자리에 가서 슬쩍 건네주기도 했다. 그렇게 내 일보다도 최선을 다해 그 직원에게 잘하려고 노력했는데, 어느 순간부터 그 직원이 보이던 쌀쌀맞은 태도는 사라졌다.

시간이 좀 흐른 후에, 다른 부서원들이 수다를 떨다가 그 직원에 대해 뒤에서 가십거리로 이야기하는 내용을 옆에서 우연히 듣게 되었다. 그 직원의 부모님은 길에서 과일 장사를 하시고 집안 형편이 어렵다 보니, 일한 지 꽤 되었는데 아직도 학자금 대출을 갚으며 빠듯하게 지낸다는 것, 그래서 그런지 유독 집이 여유롭거나 부유한 직원들을 보면 열등감이 있다는 것. 그 직원이 왜 이유 없이 나에게만 쌀쌀맞게 대했는지 본능적으로 이해가 되었다.

미운 놈 떡 하나 더 주기

나는 아무런 잘못도 하지 않았는데 누군가가 나를 싫어하는 일은 어느 조직에서나 쉽게 있을 수 있는 일이다. 열등감 때문에, 질투가 나서, 성향이 안 맞아서, 인상이 마음에 안 들어서, 옷을 누추하게 입고 다녀서, 내가 싫어하는 냄새가 나서, 그냥 나이가 어린 것이(또는 많은 것이) 싫어서 등, 별일 없이 누군가를 싫어하는 이유는 너무나도 다양하다. 내가 타인에게 그런 존재일 수도, 누군가가 나에게 그런 존재일 수도 있다.

중요한 것은, 이곳은 학교가 아니라 직장이라는 것이다. 학창 시절 내 마음에 들지 않거나 싫은 사람이 있을 땐 상종하지 않고 피하면 그만이다. 나와 더 잘 맞는 다른 친구들과 같이 어울려 다니면 그뿐이다. 그러나 직장은 누군가와 함께 하는 기간이 1년이 될 수도 있고 30년이 될 수도 있다. 마음에 들지 않는 사람과 갑자기 함께 프로젝트를 해야 할 수도, 같은 팀에서 우리 가족보다도 많은 시간을 매일 함께 보내야 할 수도 있다. 함께 일할 사람을 내 마음대로 고를 수 없는 곳이 직장이다.

취업포털인 인크루트와 알바콜의 조사[10]에 따르면, 첫 직장 퇴사 사유는 '대인관계 스트레스'가 1위(15.8%)였다고 한다. 첫 직장을 시작하는 신입사원에게 구성원과의 갈등은 힘들게 취업한 회사를 퇴사할 만큼의 스트레스와 압박감으로 다가올 수 있다는 것이다. 누군가의 갈등 상황에서 타고난 대처능력으로 유연하고 능숙하게 해결할 수 있는 사람도 있지만, 대부분의 인턴이나 신입사원은 그런 상황이 상대적으로 익숙하지 않은 약자다. 그래서 더

---

10 인크루트와 알바콜이 직장인 1,831명을 대상으로 2019년 12월 6일부터 11일까지 실시한 설문조사

더욱 조직에서 적을 만들지 않는 것이 중요하다.

운전을 처음 배우기 시작할 때, 우리는 '방어운전'을 잘해야 한다는 말을 많이 듣는다. 운전 중에 갑작스럽게 나타나는 상태에 대해 항상 안전하게 대처할 수 있는 상태를 유지하는 운전을 말한다. 이를테면 나는 내 차선에 맞춰서 잘 운전하고 있는데 난데없이 갑자기 옆에서 튀어나온 다른 차가 위험하게 들어올 때 내 안전을 위해 내가 한발 피하는 것이다. 회사에서 갑작스럽게 누군가 나를 이유 없이 날선 태도로 대하고, 그로 인해 내 마음이 흔들리고 계속 신경 쓰이며 내 일에 집중하지 못할 때, 우리는 감정소모 없이 안전하게 대처하는 방어운전이 필요하다.

가장 안전한 방어운전은 '미운 놈 떡 하나 더 주는 것'이다. 같은 조직에서 나에게 쌀쌀맞게 구는 사람이 있다면, 내가 직접적으로 실수한 것이 없는지 한번 고민해볼 것. 그리고 별 이유 없이 나를 싫어한다는 확신이 든다면 다른 사람들보다 아주 약간 더 친절하게 대할 것. 마주쳤을 때 신경 써서 인사 한번 먼저 하고 호의를 베풀 여유가 있다면 한번 베풀어 보라. 아주 약간의 태도 변화만으로도 문제 상황이 생각보다 훨씬 쉽게 풀리고, 나는 불필요한 감정 소비와 스트레스 상황을 피할 수 있다.

19.

체력이 없으면
무슨 일이든 노잼이다

장기 레이스의 핵심 무기, 체력

인생에서 가장 긴 레이스인 직장생활에서 가장 강력한 무기는 체력이다. 학창 시절인 고등학교, 대학교, 대학원에서 아무리 타이트한 생활을 경험했다고 하더라도, 회사 생활에는 비할 바가 못 된다. 주 5일을 같은 시간에 출근해서 같은 시간에 퇴근하고, 반복되는 일을 수십 년 동안 한다는 것은 그 자체만으로도 높은 지구력을 요구한다. 특히 외근과 출장이 많은 직무의 경우에는 체력이 뒷받침되지 않으면 점점 지옥의 레이스가 되고 만다.

재직자들의 경우 보통 1년 차에서 3년 차까지는 신입사원의 패기로 버텨내지만, 4년 차 이후부터 번 아웃으로 급격하게 건강에 이상이 온 것을 느끼는 경우가 많다. 나 역시도 체력과 스트레스 관리 없이 오로지 일에만 전념하다가, 50대 이상만 겪는다던 대상포진을 입사 4년 차 때 겪어서 크게 고생했다. 또래 연차의 주변 동료 중에서도 건강검진 중에 암이 발견되거나 자궁근종, 원형탈모 등 체력과 면역력 저하, 과도한 스트레스로 인한 다양한 질병을 갑작스럽게 통보받는 경우가 많다. 기존에 암 고위험군으로 분류되었던 5·60대에 비해, 비교적 젊은 층인 2·30대를 중심으로 암 발병률이 점점 높아지고 있다는 뉴스 기사들이 최근에 많이 보이는 것도 이와 무관하지 않다.

인턴의 주 대상인 졸업을 앞둔 재학생이나 청년들은 '그래도 직장인들보다 젊으니까 체력이 훨씬 좋겠지'라고 생각하지만, 현실은 전혀 다르다. 인턴을 시작한 지 한 달이 채 안 된 사람들에게 퇴근 후나 주말에 뭘 하냐고 물어보면, 대부분 너무 피곤해서 집에 가자마자 곯아떨어지거나, 아무것도 하지 않고 쉬거나 잔다고 하는 경우가 많다.

체력은 업무 몰입도와 성과에 큰 영향을 미친다. 체력이 넘칠 때는 누가 시키지 않아도 일을 완벽하게 잘 해내고 싶어 밤을 새며 야근을 하면서 완성도 있는 결과물을 만든다. 일에 몰입하다보면 재미와 성취감이 느껴질 때도 있다. 하지만 내 몸이 너무 피곤하고 힘들 때는 그만큼의 성과를 낼 수 있는 역량과 실력을 충분히 갖췄음에도 불구하고 어느 시점이 되면 이쯤에서 마무리 해야겠다며 스스로 타협하게 된다. 지구력이 뒷받침되지 못하기 때문이다.

업무뿐만 아니라 인간관계와 사회생활에서도 체력이 미치는 영향은 크다. 내가 몸이 아프거나 컨디션이 저하되면 상사가 같은 말을 해도 괜히 기분 나쁘게 들리고, 주변 동료들에게 나도 모르게 짜증이 많아진다. 내가 몸이 안 좋은 상황이 처음일 때는 주변 사람들이 걱정하고 어느 정도 툴툴대는 것도 이해해주겠지만, 이것이 반복되면 '저 사람은 툭하면 짜증내는 사람이다.', '저 사람은 맨날 골골거리고 병가를 내네. 저런 체력으로 무슨 일을 하겠어?' 라는 인식을 줄 수밖에 없다.

나에게 주어진 일을 기분 좋게 잘 해내고 싶을 때 나에게 주어진 일을 교체하는 것보다는 내 상태를 긍정적으로 바꾸는 것이 쉽다. 모든 일이 노잼일 때, 나의 건강과 컨디션 상태가 어떤지 부터 먼저 점검해보라.

쉬어가기, 스트레스 관리

흔히들 체력관리라고 하면 어떤 운동을 해야 할지, 식이조절을 어떻게 해야 할지에 대해 논한다. 이 경우 특정 운동이나 식이요법이 무조건 효과적이라기보다는, 무엇을 선택하든 꾸준함이 핵심이다. 조깅부터 필라테스, 헬스, 플라잉요가, 클라이밍, 동영상을 보면서 따라하는 홈 트레이닝 등 어떤 종류의 운동인지는 중요하지 않다. 나에게 가장 잘 맞는 운동을 정한 후 최소한 일주일에 1~2회 이상 주기적으로 꾸준하게 해야 효과가 있다. 요즘엔 직장인을 대상으로 하는 피트니스나 헬스장이 많고, 접근성도 좋기 때문에 의지만 있다면 접하거나 정보를 얻는 것에 어려움은 없을 것이다.

식이요법 역시 끼니를 자주 거르거나 본인의 주량에 맞지 않는 과도한 음주가 건강상의 문제를 부른다. 불필요하게 잦은 회식, 만성 술자리를 지양하고 삼시세끼를 매일 챙겨먹는 것이 식단 관리의 기본이다. 여력이 된다면 일정량의 견과류나 채소, 고기를 골고루 섭취하는 것이 좋고, 영양 보충을 위해 비타민 B, C, D, 오메가3, 마그네슘, 루테인 등 필수영양제를 꾸준하게 챙겨먹는 것도 좋은 방법이다. 여기까지는 누구나 아는 당연한 이야기이다.

나는 담당했던 업무 특성상 오랫동안 만성 야근을 해왔다. 제안서나 보고서 제출을 앞두고 바쁜 시기에는 밤 12시를 넘어 새벽까지 남아서 야근을 하는 일도 다반사였다. 점점 상대적으로 많은 업무량을 버텨내기 위해 홍삼은 물론, 최소 10가지 이상의 영양제를 종류별로 매일 규칙적으로 챙겨먹었다. 점심시간에는 근처 병원에 잠시 들러서 30분 내외로 비타민 주사와 같은 수액주사도 종종 맞곤 했다. 외적인 다이어트는 꿈도 꾸지 않았고 아침, 점심, 저녁 세끼를 배터지게 골고루 먹었다. 일이 많을 때는 너무 바빠서 운동을 거의 하진 못했지만, 입사 전 워낙 꾸준하게 운동해온 것이 있어서인지 기초 체력은 높은 편이었다.

그럼에도 불구하고 갑작스럽게 입사 4년 만에, 만 20대에 대상포진을 겪고 앓아 눕게 된 원인은 스트레스 관리를 하지 않았기 때문이다. 처음에는 대상포진이라는 병이 세상에 있는지 조차 몰랐고, 어느 병원에 가야할지 몰라서 병원을 종류별로 세 곳이나 방문했다. 그런데 의사 선생님마다 보면서 하는 말이 "아이고, 많이 힘드셨나봐요.", "최근에 무리를 많이 하셨나 봐요?", "요즘 많이 힘든 일 있으셨어요? 나이도 젊으신데"라며 다들 똑같은 질문을 하는 것이다.

대상포진의 의학적 원인은 질병, 사고, 스트레스 등으로 몸의 면역력이 약해져 바이러스가 증식하며 발생하는 것이라고 한다. 나는 질병이나 사고에는 해당사항이 없고, 최근에 갑작스럽게 몸이 무리를 한 적도 없었기 때문에 스트레스로 인한 면역력 저하에 해당하는 것으로 보인다. 돌이켜보면 회사에서 내가 하는 모든 일을 열심히, 그리고 완벽하게 잘하는 것, 두드러지는 성과를 내는 것이 우선이자 지금 내 삶에서 가장 중요한 것이라고 생각했다. 입사 이래 여름휴가를 이틀 이상 붙여서 다녀온 적이 없었고, 출근길과 퇴근길조차도 머릿속이 온통 업무 생각으로 가득 차 있었다. 누가 그러라고 시킨 것도 아닌데 단지 나 혼자 이렇게 아등바등 일하는 것이 회사생활이라고 착각한 것이다. 장기 레이스에서는 그것이 현명한 답이 아닌데 말이다.

내가 가진 시간을 온전히 일에만 몰두해보기도 했고, 20대에 대상포진에 걸려 호되게 혼쭐이 나본 경험도 해보고 난 결론은, 스트레스 관리가 결국 체력 관리라는 것이다. 스트레스라는 것이 눈에 당장 보이지는 않지만, 한 가지에 과도하게 몰두하거나 온 정신을 쏟아부었을 때 항상 그림자처럼 뒤따라온다. 이를 일시적으로 인지하지 못하거나 방치할 수는 있겠으나, 어떠한 증상으로든 결국 표출되고 만다.

스트레스와 피로도를 관리하는 방법 역시 사람마다 다르다. 여름휴가를 통한 리프레시가 될 수도 있고, 혼자 즐기는 호캉스, 친구들과 여행, 반려동물과 시간 보내기, 내가 편안함을 느낄 수 있는 취미생활 등 다양한 방법이 있을 것이다. 핵심은 '한 번씩 제대로 쉬어가는 것', '일과 타인이 아닌 온전히 나만을 위한 시간을 주기적으로 갖는 것'이 꼭 필요하다. 직장생활의 시작점에서부터 30년 이상 롱런하며 업무에 잘 몰입하기 위해서는 주기적으로 업무와 거리두기 시간을 반드시 가질 것.

20.

회사 주변 맛집 뽀개기

매일 오전 근무시간마다 모든 직장인이 은연중에 마음 한쪽 구석에 가지고 있는 고민은 '오늘 점심은 뭘 먹을까?' 일 것이다. 회사 건물에 식당이 있는 경우는 좀 덜하지만, 일주일 중 대부분의 끼니를 회사 인근 식당에서 해결하는 직장인들에게는 본의 아니게 점심시간이 다가올 때마다 항상 생각해야 할 과제가 있다.

"오늘 메뉴는 무엇을 먹을까?", "오늘 팀장님과 점심을 함께 하기로 했는데 어디를 가는 것이 좋을까?", "지하 식당들은 지겨운데 어디 새로운 맛집 없나?"

여느 때처럼 우리 팀 인턴들과 점심 이야기를 하다 보니, 어느 순간 나보다도 인턴들이 우리 회사 근처의 맛집들을 더 빠삭하게 잘 알고 있다는 사실을 깨달았다. '요즘 애들'이라 그런 건가? 라고 하기엔 나도 요즘 애들인데 말이다.

얼마 후 우리 인턴 중 한 명으로부터 '광화문 맛집 뽀개기' 공유 파일이 존재한다는 사실을 알게 되었다. 우리 팀은 수년째 매년 인턴 사원을 여러 명 채용하는데, 이렇게 수년 전에 일했던 인턴부터 다음 후임 인턴까지 대대손손 내려온 맛집 정보공유 자료라는 것이다. 그런데 그냥 단순한 기본정보만 나와 있는 식당 리스트가 아니라, 각 식당별로 인턴들의 후기가 아주 상세하면서도 성의있게 작성되어 있는 것이다.

"진짜 인턴 기간 중에 한 번 이상 꼭 드세요. 육즙 가득 패티에 달달한 소스. 치즈나 아보카도, 해쉬 브라운이 추가된 메뉴도 있으니 다양하게 드세요! 개인적으로는 치킨 콤보로 주문해서 저녁에 맥주 한잔해도 좋을 듯!"
"근래에 이렇게 맛있는 김치찌개를 먹은 적이 있었는지 되돌아본다. 8,000원에 김치찌개 뚝배기가 나오는데, 고기도 많이 들어있고 밥도 많이 줘서 좋았다. 밥을 반만 먹으려고 했는데 도저히 자제할 수 없었다. 김치가 약간 신 김치여서 내가 좋아하는 맛의 신 김치찌개였다. 반찬도 냉이, 깻잎, 진미채, 콩 자반 등 다양하고 원하는 만큼 퍼서 먹을 수 있었다. 그런데 웨 이팅은 조금 있는 편이다. 오히려 12시 30분에 가면 안 기다 리는 것 같다."

'맛집 뽀개기'라는 엑셀 파일에는 '맛집 전문 파워 블로거' 수 준의 깊이 있는 광화문 인근의 식당 후기들이 식당마다 여러 건씩 작성되어 있었다. 한 사람이 홀로 작성한 것이 아니라, 여러 명의 인턴이 작성한, 대대로 족보처럼 축적되어 내려오는 생생한 후기 자료였던 것이다. 이 자료를 보면서 가장 먼저 들었던 생각은 '일 은 안 하고 맛집 정보만 공유하고 있었구나.'라는 꼰대 같은 생각 보다는 '회사 생활 재미있게 하네? 나는 왜 인턴 때 이런 생각을 못했지?'라는 생각이었다. 맛집 뽀개기는 무료한 회사 생활에 소 소한 재미를 느낄 수 있고 어색한 동료들과 대화 주제로도 활용할 수 있는 가장 쉬운 방법이다.

비단 재미를 추구하는 것뿐만 아니라 인근의 맛집과 핫한 카페 들을 다양하게 알고 있는 것도 사회생활에서 꽤 센스 있는 무기가 될 수 있다. 상사와의 점심, 부서 회식, 송별회 등 모든 조직의 막 내들이 담당하는 식당 예약에서 센스를 발휘할 수 있는 기회가 많 기 때문에 맛집에 대한 정보는 다다익선!

21.

비즈니스 캐주얼 코디하기

인생의 1막에서 2막으로, 또 3막으로 장표가 넘어갈 때마다 크게 바뀌는 외적인 부분 중 하나가 복장이다. 우리는 중고등학교 시절엔 교복을 입었기 때문에 주 활동 환경에서 입을 옷에 대해서는 크게 고려할 필요가 없었고, 대학 시절엔 각자의 연령대와 취향에 맞는 캐주얼한 복장을 입었다.

인생의 가장 긴 시간을 차지할 회사생활에서는 '비즈니스 캐주얼'이 의상 선정의 중심이다. 일부 직무에 따라서는 정장과 유니폼을 입는 곳들도 있지만, 대다수의 회사가 점점 복장 자율화를 시행하는 추세이다. 최근 NH농협은행의 유니폼 폐지 선언으로 5

대 시중은행이 근무 복장 자율화 시대를 맞게 되었다는 소식도 있다. 물론 복장 자율화라는 것은 한가지로 동일되어 있는 기존의 유니폼과 정장에서 벗어난다는 뜻일 뿐, 완전히 자유롭게 짧은 반바지와 민소매를 입고 슬리퍼를 신고 출근하라는 것은 아니다. 자율화의 암묵적인 의미는 비즈니스 캐주얼이다.

T.P.O에 맞는 스타일링을 하라는 말이 있다. **시간**(time), **장소**(place), **상황**(occasion)에 따라 알맞은 의복을 착용하는 것을 의미한다. 이러한 용어가 쓰일 만큼 비즈니스에서는 겉으로 보이는 센스 있는 복장과 깔끔한 용모 또한 중요한 평가요소 중 하나이다. 용모, 복장, 태도가 신입사원 면접 평가항목으로 들어있는 경우도 있을 정도이다. 평가 외에도 회사 내에서 그 사람의 평판과 이미지에 영향을 미치는 중요한 요소이기도 하다. 흔히 말하는 회사에서 '잘나가는 선배'를 보면, 실력과 성과뿐 아니라 비즈니스룩 스타일링도 세련된 경우가 꽤 많다.

나에게 어울리는 비즈니스 캐주얼 스타일을 하나씩 만들어 갈 것. 인턴이나 신입사원과 같은 사회초년생은 평소 캐주얼한 복장에 익숙해져 있기 때문에 비즈니스에 활용 가능한 옷이 많지는 않을 것이다. 그렇다고 갑자기 백화점 매장에 비치되어 있는 비즈니스 캐주얼 옷들을 하루아침에 다 사자니 비용적인 부분에 부담이 많이 갈 것이다. (직장인을 대상으로 하는 비즈니스 캐주얼 전문 브랜드들은 대부분 캐주얼 브랜드에 비해 가격대가 있는 편이다)

그렇기 때문에 첫 사회생활을 하는 인턴 기간 동안, 나의 비즈니스 스타일을 하나씩 천천히 만들어가는 과정을 즐겨보라. 이 부분은 아무래도 여성이 남성보다는 선택지가 다양하다.

● 평상시에는 주로 어떤 톤의 옷을 매치해서 무난하게 입을 것인가?
  : 베이지 X 블랙, 화이트 X 블랙, 네이비 X 화이트, 베이지 X 화이트 등
● 구성은 주로 블라우스에 바지를 입을 것인가? 원피스를 입을 것인가?
  : 아침 출근준비 시간에는 빠르게 조합 가능한 선택지가 많은 것이 편리하다.
● PPT나 미팅 등 중요한 일정이 있는 날 어떻게 나를 강조할 것인가?
  : 깔끔한 블랙 정장, 핑크색 또는 흰색의 화사한 정장, 세련된 포인트가 있는 원피스 등
● 편하고 안정적인 이미지, 세련되고 여성스러운 이미지 중 어떤 느낌을 표현할 것인가?
  : 발이 편하고 잦은 외근과 출장에 적합한 플랫슈즈, 임팩트를 줄 수 있는 하이힐

이렇게 사회생활을 시작하는 첫 단계에서부터 나만의 비즈니스 캐주얼 스타일을 만드는 재미를 느껴보라. 자기 전 잠자리에 누웠을 때, '내일 출근해야 하는 것'에 대한 울적한 기분이 들기 전에 '내일은 뭐 입지?'라는 생각으로 머릿속을 채워보면 조금 덜 우울할 것이다.

22.

work and life balance

워라밸은 일을 적게 대충 하는 것?

일과 삶의 균형을 뜻하는 '워라밸'이라는 용어는 이제 직장인
들에게는 떼려야 뗄 수 없는 직장생활의 필수어가 되었다. 업무 외
의 내 라이프(삶)에 집중할 수 있도록 적절한 선과 기준을 스스로
확보하는 것이 중요하다는 뜻이다.

● 인턴 A : 학창 시절부터 다니고 싶었던 꿈의 직장에서 인턴을 할
수 있는 기회가 생겼다. 머릿속에 온통 내가 하는 일을 잘 해내고
싶은 생각뿐이다. 업무강도가 높거나 어려운 일들은 아니지만, 그
이상을 해내서 상사에게 칭찬도 받고 인정도 받고 싶다. 그래서 누

가 시키지는 않았지만, 자발적으로 남아서 야근을 하고 일이 없을 때도 성실한 이미지를 보여주기 위해 다른 인턴들보다 늦게 퇴근한다. 심지어 퇴근 후 집에 가서도 내 일을 어떻게 하면 더 잘 할 수 있을지, 상사가 하는 고민을 어떻게 덜어줄 수 있을지 머릿속으로 항상 생각하고 있다. 뭐든 하는 만큼 돌아오는 법이니, 내가 이렇게 내 일을 잘하려고 노력하는 것을 언젠가 누군가는 알아줄 것이다.

● **인턴 B** : 요즘 시대에 한 회사에만 충성하는 것은 어리석은 생각이며, 주식이나 코인과 같이 진입장벽이 높지 않은 재테크를 꼭 병행해야 한다고 선배들은 말한다. 그래서 나도 대세를 따르기 위해 근무시간에 주어진 업무를 하다가도 짬짬이 주식을 확인한다. 화장실에 갈 때, 점심시간에 밥 먹을 때, 심지어는 업무 중에도 비트코인 시세를 종일 들여다본다. 낮에는 회사에서 국내 주식을 하고, 퇴근 후 집에 와서는 해외주식을 한다. 얼마 전부터 주말에는 주식투자 모임에도 다니고 있다. 솔직히 회사에서 내가 맡은 업무는 그렇게 난도가 높은 일도 아니다. 인턴이니까 실수를 하더라도 큰일이 벌어질 건 없기 때문에 문제가 생기지 않는 선에서 최소한으로 일하고 있다.

 위 두 명의 인턴 중 워라밸을 추구하는 사람은? 없다. 한 명씩 이유를 살펴보자.

인턴 A는 전형적인 기성세대 직장인의 가치관을 보인다. 평범한 '흙수저'로 태어났어도, 좋은 직장 취업에 성공하고 몇 년만 일하면 대출을 받아서 '내 집 마련'에도 성공할 수 있다는 생각, 직장을 통해 내 삶의 전반을 꾸려갈 수 있다는 인식이 지배적이다. 그래서 근무시간 외에 퇴근 이후, 출근 전까지 회사에 대한 이야기, 일에 대한 생각으로 머릿속이 가득하다.

이러한 모습을 보이는 인턴은 흔히 'MZ세대'라고 말하는 요즘 세대 중에서는 흔치 않지만, 간혹 존재한다. 보통 샐러리맨 생활을 오랫동안 해온 부모의 모습을 보고 자라면서 그 영향을 많이 받은 경우다. 워라밸 측면에서 본다면 명백하게 일이 라이프의 영역까지 침범해가며 필요 이상의 시간과 생각을 회사와 일에 집중하는 것이다. 이렇게 일에만 온전히 몰입하다 보면 회사에서의 성과에 대한 인정과 보상이 부모 세대만 못하다는 사실에 어느 순간 '현실 자각 타임'에 빠지는 경우도 많다.

언뜻 보면 인턴 B가 마치 워라밸이 있는 '요즘 세대 스타일' 같지만, 이는 워라밸이 아니다. 일과 개인의 삶 사이의 '균형'이 전혀 없기 때문이다. 단순히 일은 대충하고 회사 외의 개인 용무는 많이 하는 것은 워라밸이 아니다. 내 업무를 대충하다 보면 점점 조직에서의 나의 역할은 흐지부지해지고 일을 해야 하는 이유도 작아져만 간다. '일'에서 내가 전혀 성장하지 못하고 어떤 유의미한 역할도 하지 못한다면 '일'을 하는 시간들은 다 버리는 것이나 마찬가지다.

인턴 B의 모습은 인턴뿐 아니라 신입사원 또는 주니어 직급에서도 많이 볼 수 있다. 2030 젊은 층 사이에서 워라재(워라밸+재테크), 임포자(임원 승진 포기자)와 같은 유행어가 계속 나오는 것도 유사한 모습이다. 문제는 현실에서의 인턴 B는 일과 재테크, 두 마리 토끼를 야무지게 잡는 '워라재'가 아니라는 것이다. 근무시간에 일을 집중하지 못해서 회사에서의 성과도, 성장도 없고 근무시간은 물론 퇴근 이후에도 늦은 시간까지 주식과 코인을 하다가 젊은 나이에 건강도 잃는 경우가 허다하다. '밸런스'가 붕괴되었기 때문이다.

Balance의 조건 1 : 몰입과 효율

일과 삶을 균형 있게 유지해서 두 마리 토끼를 잡기 위해서는 일과 삶이 각각 견고한 몰입도를 유지해야 한다. 저울 위의 양쪽 무게가 적정한 수준이 되기 위해서는 '근무시간에 내 업무를 열심히, 잘 하는 것'이 균형의 전제이자 우선이다. 워라밸이라는 것이 조직에서의 근무 환경에 대한 이슈인데, 조직에서 일을 제대로 하지 않으면서 라이프만 외치는 것은 어불성설이 아닐까.

'월화수목금금금'이 당연하던 시절이 있었다. 그리 멀지 않은 과거에는 토요일에 출근하는 것이 당연했고, 다 같이 남아서 야근하고 주말에도 출근하는 것이 당연하던 때가 있었다. 주 5일 근무제가 도입되는 근로기준법이 개정된 것이 2006년, 주 52시간 근무제가 적용된 것이 2018년도다. 우리의 사회는 이렇게 근로시간을 줄이는 방향으로 바뀌어 가고 있는데, 그렇다면 기업들도 근로시간이 줄어든 만큼 개인에게 할당된 업무의 양을 줄일까?

안타깝게도 기업은 자선사업을 하는 조직이 아니다. 해가 갈수록 물가상승률에 발맞추어 인건비는 높아져만 가는데, 이윤 추구가 목적인 기업에서 굳이 개인의 업무량을 나서서 줄일 이유가 없다. 주 52시간 근무제가 적용되었지만, 여전히 수많은 회사에서는 직원들이 퇴근 후 노트북을 들고 회사에서 나와 집에서 일하는 경우가 비일비재하다. 코로나19로 인해 재택근무를 하는 기업들이 급격히 늘어났지만, 재택근무를 하면서 야근을 하는 경우도 많아졌다. 절대적인 일의 양은 줄어들지 않은 것이다.

이러한 현실에서 우리가 워라밸을 추구하기 위해서는 일을 열심히 하는 것도 중요하지만, '잘' 하는 것도 중요하다. 업무량이 같은 상황에서 나의 저녁과 주말을 온전히 확보하려면 근무시간에 최대한 일에 집중해야 한다. 일을 대충해서 무작정 빨리 끝내는 것이 아니라, 업무에 몰입해서 효율적으로 근무시간 내에 끝내는 것이 핵심이다. 같은 양의 일을 하더라도 딴짓을 해가며 느긋하게 일한 경우와 방해 요인 없이 몰입 상태에서 일한 경우, 소요 시간과 업무 성과는 분명하게 차이가 난다.

근무시간에 주식 거래를 하고, 가상화폐에 투자하고, 친구들과 메신저로 수다를 진하게 떨면서도 워라밸을 지킬 수 있다면 그는 아마도 신일 것이다.

Balance의 조건 2 : 일과 삶의 경계

근무시간에 온전히 일에 몰입한 후에는 물리적으로도 일과 삶의 경계가 명확해야 한다. 이를 구분하는 기준은 회사의 상황이나 개인의 생각에 따라 각각 다르다. 근무시간을 기준으로 구분하는 것이 가장 일반적인 방법이다. 최소한 근무시간 동안에는 회사와 업무에 몰입하고 퇴근 후에는 완전히 OFF 상태로 휴식을 취하거나 개인용무에 집중하는 것이 필요하다. 회사에 있을 때와 회사 밖이라는 공간으로 구분하는 것도 깔끔한 방법이다.

그러나 보다 유연한 조직의 경우 탄력근무, 유연근무와 같은 제도로 특정한 출퇴근 시간이 큰 의미가 없거나 재택근무가 활성화되어 근무하는 공간에 대한 구분이 명확하지 않은 경우에는 업무량에 따라 판단할 수 있다. 적정 수준의 업무량을 계획하되, 계획된 업무량을 끝낼 때까지는 업무에 최대한 몰입하고 목표를 달성한 이후에는 업무에서 최대한 멀어져라. 퇴근 후에 몰입하던 일에 거리두기 하는 것도 노력이 필요하다.

나의 업무와 업무 외적인 나의 생활이 비빔밥처럼 뒤섞이지 않도록 견고한 균형을 유지하라. 나만의 시간에 충분한 휴식을 취하며 충전했을 때 일도 재미있게 몰입할 수 있는 기운이 난다. 취미생활이나 학습, 운동, 재테크와 같이 삶에서 내가 하고 싶은 것들이 어느 정도 적당하게 충족되어야 회사생활도 스트레스가 될 만큼 몰입이 과하게 넘치지 않는다.

23.

고객사 담당자의 성희롱

끼니를 과일로만 때운 타지에서의 일주일

인턴 시절 우연한 기회로 여성 팀장님과 함께 머나먼 아랍으로 일주일간 해외 출장을 가게 되었다. 거리가 워낙 멀어서 평소에도 선뜻 시간을 내어서 가기엔 쉽지 않은 지역이다 보니 휴가가 아닌 업무차 방문임에도 출장 가는 길이 꽤 설렜던 기억이 있다.

행사 운영 업무로 출장을 간 것이지만, 출장지에서 인턴의 주요 역할은 고객사 응대였다. 장거리 출장이라 회사에서는 담당 팀장과 인턴, 이렇게 최소한의 운영인력 두 명만 건너간 상황이었다. 팀장님은 호텔 체크인과 결제부터 현장의 실무팀과 컨퍼런스 진행 논의, 다양한 고객사의 요청사항 수렴 등 출장 기간에 벌어지는 모든 의사결정과 중요업무를 수행해야 하는 바쁜 상황이었다. 이에 인턴인 나에게 맡겨진 중대한 업무 중 하나는 고객사의 교육 담당자인 김 차장을 안내하고 밀착 관리하는 역할이었다.

김 차장과 나는 국내에서도 유사한 행사 자리에서 자주 마주치며 안면이 있었다. 나는 인턴이었기 때문에 그 사람과 가까운 사이는 아니었지만, 몇 마디 주고받을 때 은연중에 '점잖은 어른' 정도의 인상을 가지고 있었다. 아랍 출장 때 김 차장은 동행자 없이 고객사의 관할 팀에서 혼자 출장지로 건너왔기 때문에 나는 나의 팀장과 김 차장 모두에게 비서 역할을 수행했다.

김 차장은 회사로서는 중요한 고객 중 하나였기 때문에 나름대로 고객관리 차원에서 전체 회식이 있는 일정을 제외하고는 출장지에서 조식과 중식, 석식을 모두 함께했다. 첫 식사는 팀장도 함께했지만, 워낙 챙겨야 할 일들이 많고 바빴기 때문에 그 뒤로는 주로 나와 김 차장 단둘이 식사 하는 일이 많아졌다.

문제는 이 식사 공간에서 시작되었는데, 둘만 있는 식사 자리만 생기면 자꾸 대화가 이상하게 흘러가는 것이다. 처음에는 본인의 아내 뒷담화로 이야기를 시작해서 점점 나를 교육 담당자가 아닌 여성으로 인식하고 평가하는 말을 나에게 건넸다. 급기야는 혼자 상상의 나래를 펼치며 인상을 찌푸리게 하는 멘트를 던졌다.

"OO 씨는 참 매력적이야. 어쩜 그렇게 외모가 예뻐요?"
"나는 와이프와 부부가 아닌 그저 동거인처럼 살고 있는데
  딸아이들도 이제 클 만큼 컸으니 황혼 이혼을 하려고
  생각 중이야. 와이프와도 이에 대해 합의가 다 되었고."
"이혼 후 내년쯤에는 OO 씨가 나와 함께 할 수 있는 자리가
  생기는데 어때? 나는 OO 씨와 앞으로 자주 함께했으면
  좋겠어. 한국에 돌아가도 계속 보고 싶을 것 같은데?"

40대 후반인 김 차장이 하는 말의 정도가 심해질수록 당시 20대 중반의 나는 속이 울렁거려서 밥이 목구멍에 안 넘어갈 정도였다. 그래서 출장 3일 차부터는 뷔페에서 밥을 먹지 못하고 삼시세끼를 수박처럼 아삭거리는 과일만 조금 먹으며 끼니를 때웠다.

그럼에도 불구하고 나는 조직 생활에서 이런 경험이 처음이었다. 당시 인턴인 내 머릿속엔 '내 일은 일종의 서비스업이기 때문에 출장 중에는 화가 나거나 감정이 상하는 어떤 상황에서도 감정적으로 대응하지 않고 넘어가야 한다'라는 생각으로만 가득했다. 고객사 차장이 불미스러운 소리를 하더라도 나는 인턴일 뿐이

기 때문에 무조건 문제없이 상황을 넘어가야 한다는 생각에 그 자리에서 그저 별 말없이 넘어갔다. 이러한 일을 상사에게 말하는 것 또한 어린애 같은 행동이라고 판단해서 상사에게도 티 내지 않았다.

이렇게 점점 김 차장의 멘트가 선을 넘더니 4일 차엔 업무가 다 끝난 늦은 밤에 숙소에 있는 나에게 팀장 몰래 내 개인 연락처로 술 한잔하자는 메시지까지 여러 차례 반복해서 보내며 대범하게 찝쩍거렸다. 물론 그 또한 좋게 돌려서 대답하며 거절했지만, 나의 정신적 스트레스는 이미 한계를 넘은 상태였다.

출장 5일 차에 결국 사건이 터졌다. 그날의 행사가 오후 4시 즈음 종료되었고, 나는 컨퍼런스 장에서 뒷정리를 하고 프린트기부터 각종 사무용품까지 짐을 바리바리 들고 팀장과 함께 숙소로 돌아가고 있었다. 그 모습을 본 김 차장이 갑자기 옆으로 오더니 짐을 들어주겠다며 숙소까지 계속 뒤따라오는 것이었다. (들어주려면 무거운 프린트기나 좀 들어주던가, A4용지 몇 장 들고는 들어주는 시늉을 하더라는) 기어이 팀장과 함께 쓰는 숙소 문 앞까지 따라와서는 들어오려는 것을 팀장이 제지하고 나서야 사라졌다.

숙소 문을 닫고 나서 팀장이 의아한 눈빛으로 물어봤다. "OO

씨, 김 차장이랑 혹시 무슨 일 있었어? 괜찮은 거야?" 그 말을 듣자마자 갑자기 쌓였던 것이 폭발하면서 눈물이 쏟아졌다. 엉엉 울고 나서야 지금까지 있었던 일들을 이야기했다. 한참을 듣던 팀장은 "세상에 진즉 말을 하지 그랬어, 그렇게 둘만 있게 하는 게 아니었는데. 앞으로 김 차장은 내가 직접 대응할 때니까 한국 돌아갈 때까지 김 차장 근처에도 가지 말고 거리 둬. 단둘이 있을 일도 없게 할게."라며 충격받은 표정으로 미안하다는 말을 반복했다.

사실 팀장은 처음에 김 차장과 세 명이서 함께 식사를 할 때, 김 차장이 날 가리키며 "마치 내 딸처럼 예쁘다."라는 말을 일부러 자꾸 하길래 '딸과 비슷한 또래라 예뻐하는구나.' 정도로만 생각했을 뿐 이런 상황일 줄은 전혀 몰랐다고 했다. (김 차장은 교묘하게 의심을 피하기 위해 제3자와 함께하는 자리에서는 나를 딸 같아서 예쁘다고 표현해왔고, 둘이 있는 자리에서만 태도가 달라졌다) 그런데 좀 전에 김 차장이 숙소 안을 들어오려고 하면서 쳐다보는 느낌이 섬뜩했다는 것이다.

이후 팀장은 약속한 것처럼 출장지에서 한국으로 돌아올 때까지 나로부터 김 차장을 철저하게 격리시켰다. 현지 고객들과 함께하는 저녁 회식 자리에서도 김 차장을 내 눈에 보이지도 않는 반대편에 앉혔고, 문제의 조식과 중식 시간에도 나는 다른 이들과 함께 식사했다. 연수가 끝나고 귀국하여 회사에 돌아와서는 팀장은 직속 상사들에게 이 사건을 보고했고, 고객사에도 이 사건이 알려졌다. 시간이 좀 흐른 후에 해당 차장은 지방으로 좌천되었다는 소식을 들었다. 나는 수년이 지난 지금까지도 이 출장지에서 봤던 그 표정과 들었던 말들을 정확하게 기억하고 있다.

부당함을 주장할 권리

출장지에서의 성희롱 사건을 듣고 부모님은 직접 고객사에 찾아가겠다며 한참을 분노하셨다. 귀국 후 해당 팀장이 사건을 쉬쉬하며 넘어가지 않고 상부에 보고했으며 그에 적절한 조치들이 내부적으로 취해짐을 전해 듣고 나서야 부모님도 진정하셨다.

그 와중에 "왜 그런 일이 있었을 때 그 발언들을 녹취하지 않았니?"라는 부모님의 물음에 나는 뒤통수를 맞은 기분이었다. 그렇다. 출장지에서 그 순간의 나는 왜 내가 들은 끔찍한 말들을 녹취하지 않았을까? 예측 불가능한 잠깐의 순간도 아니었고, 식사 시간 때마다 반복되어서 녹취를 하려면 충분히 하고도 남았을 텐데 왜 증거를 확보하지 않았을까?

되돌아본다면 그때의 나는 이러한 일을 녹취라던가 상사에게 보고한다는 생각조차 할 수 없었던 것 같다. 회사라는 조직 내에서의 첫 사회생활이었고, 을인 인턴이 한참 갑인 고객사 담당자의 태도에 대해 건의하는 것은 프로답지 못하다고 생각했다. 업무 중 여성으로서 당한 불이익을 외부에 언급하는 것 또한 어른답지 못하다고 생각했다. 프로도 아닌 주제에 어른스러운 흉내를 내느라 바빠서 프로에 대한 잘못된 인식을 가지고 있었던 것이다.

성희롱은 절대 피해자의 잘못이 아니다. 엄연히 누군가의 말 또는 행동으로 인해 내가 정신적, 육체적 피해를 입는 것이다. 성희롱을 당했다고 판단되는 상황에 처했을 때, 이는 기분 탓이라고 스스로를 자책하거나 타인의 눈치를 볼 상황이 아니다. 엄연히 피해자로서 문제 상황에 대해 분노하고 부당함을 주장할 권리가 있다.

지금의 내가 그때의 그 순간으로 돌아간다면, 나는 김 차장과 단둘이 있는 자리에서 성희롱에 가까운 말들을 들었을 때부터 녹취를 하거나 문자로 대화해서 흔적을 남기는 등 증거를 확보했을 것이다. 그리고 성희롱이라는 확신이 든 순간 빠르게 상사에게 보고하고 도움을 청했을 것이다. 설사 보고를 했는데도 나에게 필요한 피드백이 없을 경우에는 노동조합을 찾아가서 이야기하거나 다른 상사에게도 도움을 청했을 것이다. 이런 부분에서 보수적이거나 성희롱 문제에 대응 체계를 제대로 갖추지 않은 일부 회사의 경우라도 인터넷 뉴스에 성희롱 사건으로 도배가 되고 싶지 않다면 회사 구성원 누군가는 도움을 주었을 것이다. 6년 전의 뭣 모르는 인턴 시절의 나는 몰랐지만, 지금의 나는 이 사실을 알고 있다.

겪지 않으면 좋았을 끔찍한 경험으로 나는 직장 내 성희롱에 대해 경험이 없는 사람보다 이해도가 높은 편이다. 케바케(case by case)이지만 이러한 일들의 주된 표적은 나이 어린 인턴, 조직 내 입지가 불안정한 계약직, 아기 캥거루처럼 겁이 많은 신입사원 등 조직 내 약자들이다. 그리고 가해자는 외적으로 보이는 이미지와 상관없이 나의 인사권을 쥐고 있는 상사, 관계상 스스로를 갑으로 인지하고 있는 고객사 담당자, 그 외에 누구라도 해당될 수 있다.

그래서 나는 우리 팀에 여성 인턴이나 후배가 새로 입사할 때마다 티타임을 가지며 가장 먼저 해주는 이야기가 성희롱 대처법이다.

"요즘에는 직장 내 성희롱 교육도 의무적으로 자주 접하게 되어있고 이런 사건·사고들이 워낙 수면 위로 많이 떠올라서 사람들의 문제의식도 예전보다는 훨씬 높아졌어. 그래서 아마도 많은 사람이 의식하고 조심하겠지만, 그럼에도 불구하고 당신이 직장 내 성희롱을 겪을 가능성은 언제 어느 곳에서든 존재해. 그러니 당신의 사수든, 부서장이든, 고객이든 부당한 일을 겪었을 때는 절대 혼자 숨기고 참지 말고 나에게 이야기해. 내가 없다면 다른 상사에게라도 반드시 털어놔야 해. 이러한 장르는 숨긴다고 해결될 일도 아니고, 당신은 부당함을 인지하고 주장할 권리가 있으며, 당신에게 도움을 줄 사람들은 주변 어디에나 존재해."

24.

술에 환장한 상사

주 3회 3차

나는 술을 바가지로 마시게 생긴 외모와 달리 술을 한 잔도 하지 못한다. 후천적으로 소주, 맥주, 막걸리, 와인 등 종류와 상관없이 알코올이 들어있는 술은 한 잔만 마셔도 바로 취한다. 그래서 학창 시절부터 어딜 가나 조직에 처음 적응할 때면 이 친구가 정말 술을 못 하는 건지 빼는 건지 시험당하는 절차들을 항상 겪곤 했다.

이런 내가 인턴을 했던 회사 중에는 회식을 주 3회, 3차를 하던 곳이 있었다. 5일 중에 3일을 매번 2차, 3차까지 술을 마시며 회식을 했다. 회식을 하지 않는 나머지 2일은 삼삼오오 점심시간에 모여서 해장을 하러 가는 분위기였다. 일쓰(일코올 쓰레기)인 나에게는 정말 전쟁터와도 같이 살아남기 힘든 조직이었다.

그럼에도 불구하고 그 당시에는 내가 꼭 정규직 전환이 되어 입사하고 싶었던 회사였기 때문에 나는 이를 악물고 매번 3차의 마지막 자리까지 버텼다. 사람들이 보지 않을 때마다 술을 몰래몰래 버려도 보고 술잔에 물을 미리 채워놓고 건배할 때 술인 척 마시기도 하고 어쩔 수 없을 때는 인사불성이 될 때까지 마시고 다음 날 하루 종일 토를 하면서 내 위액을 본 적도 있다.

그 당시 내 가방 안주머니에는 항상 알유21(숙취 해소제지만 개인적으로는 술자리 전에 복용하면 취하는 속도가 느려지며 주량이 일시적으로 높아지는 효과도 있다. 가격은 숙취 해소제치고는 비싼 편)과 숙취해소 음료를 나만의 무기처럼 지니고 다녔다. 오늘 저녁에 회식을 할 것 같은 눈치면 퇴근 1시간 전부터 숙취 해소제를 복용하고 건배사도 미리 준비하며(나는 남들보다 빨리 취하고 취하면 머리가 멈추기 때문에) 회식에 임할 만반의 준비를 했다. 술자리도 사회생활의 일부라는 꼰대 같은 생각에 이 자리에 꼭 남아서 사람들과 어울려야 상사에게 불이익을 받지 않을 것이라고 생각했다.

이렇게 건강을 잃어가면서도 버텼던 술자리에서의 피나는 노력뿐만 아니라 인턴 기간 동안 업무에도 최선을 다했고, 평가 대상인 마지막 프레젠테이션 발표에서도 다른 동기 인턴들에 비해서 높은 점수를 받았다. 뒤쳐질만한 요소가 하나도 없었기 때문에 정규직 전환이 당연히 될 거라고 확신했다.

결과적으로 나는 인턴기간 동안의 나의 노력, 성과와 관계없이 전환 시점에 해당 부서의 정규직 TO가 축소되었다는 이유로 정규적 전환이 되지 않았다. 잦은 술자리 회식에도 나만큼 성실하게 참석하지 않았고 평가도 성과도 눈에 띄는 것이 크게 없었던 나의 다른 인턴 동기는 해당 부서에 인력이 많이 필요하다는 이유로 정규직 전환에 성공했다. 나의 예상과 달리 술자리에서 얼마나 성실하게 잘 놀며 자리를 지키는지, 얼마나 대단한 성과를 보여줬는지와 같은 것들은 정규직 전환에 그다지 영향을 미치지 못했다. 오히려 부서별 TO라는, 나의 의지와는 관계없는 외적인 요소로 나의 거취가 결정되어 버린 것이다.

성과냐, 줄타기냐?

이러한 일들이 비단 정규직 전환 케이스에만 해당하는 것일까? 회사에 정규직으로 입사한 이후에도 마찬가지이다. 연말 인사고과는 오로지 나의 성과와 인사평가 점수만으로 객관적이고 공정하게 이루어질까? 그게 아니라면 흔히 말하는 '줄타기'처럼 술 좋아하는 내 상사와 일 년 내내 술친구를 해주며 징치직으로 상사에게 잘 보인다고 승진이 될까?

우리가 가장 중요하게 생각하는 의사결정과 정규직 전환 여부, 인사고과는 생각보다 아주 단순하고 별것 아닌 이유로 결정되는 경우가 허다하다. 부서 TO가 줄어서, 승진 TO가 적어서, 해당 부서의 부서장이 신입사원은 남성으로 채용하기를 희망해서, 나이 어린 여성이라 경쟁자에게 연차에서 밀려서, 코로나19로 비상 경영체제가 되어 채용과 승진이 최소화 되어서 등 하나같이 나의 의지와는 전혀 상관없는 외적인 요인들이 대부분이다.

학창 시절에 우리는 공부한 실력만큼의 시험 결과를 받았고, 성적에 따라 대학에 입학했다. 과제를 열심히 하면 A를 받았고, 학교를 제대로 나가지 않으면 F를 받았다. 온전히 나의 노력이 결과로 이어지는 것이 당연한 경험을 겪어왔다. 그러나 회사는 출석을 성실히 하고 시험을 잘 보면 성적을 잘 받는 학교가 아니다. 회사에서 내가 원하는 결과를 얻기 위해서는 '성과'와 '인간관계'와 '운'이 복합적으로 필요하다. 때로는 이 세 가지가 모두 맞아 떨어져야 되기도 하고, 이 중의 일부만 반영되기도 한다.

그래서 사람과 회사에 충성하는 것에 크게 연연할 필요가 없다는 것이다. 내가 회사에서 내 일을 열심히 하고 성과를 내는 것은 스스로 힘을 쌓고 인재로 성장하기 위함이다. 당장의 보상은 있을 수도 있고 없을 수도 있지만, 장기적으로 누적되었을 때 나의 입지가 명확해지고 내가 할 수 있는 업무 범위가 늘어난다. 또한 내가 조직에서 인간관계를 성의 있게 관리하고 상사와 사수를 잘 챙기는 것은 결국 나의 인적 자산이 된다. 그러나 오로지 줄타기만 잘한다고 해서 정규직이 되고 승진이 되지는 않는다.

내가 술을 못 마시는데 술에 환장한 상사와 일해야 할 때 그가 주는 술을 목숨 걸고 마시며 충성할 필요가 없다. 오히려 나의 주량을 솔직하게 이야기하고, 적당한 선에서 조절하는 것이 현명하다. 회식 자리마다 목숨 걸고 끝까지 남는다고 해서 그것이 나의 거취를 결정짓지는 않는다. 그보다는 내가 잘 할 수 있는 것에 집중하라. 내가 잘 할 수 있는 다른 방법으로 상사와의 관계를 개선하고, 나에게 주어진 자리에서 최선을 다하라. 나라는 사람의 실력과 경쟁력을 높이는 것에 집중한다면, 그 시점에 운까지 좋다면 그 회사에 정규직 전환이 될 것이다. 운이 좋지 않고 상황이 맞지 않아서 정규직 전환이 안 되었다면, 다른 더 좋은 회사에 채용될 기회 또한 반드시 올 것이다.

25.

싸우는 선배들 사이에
새우 등 터진다

'고래 싸움에 새우 등 터진다'라는 속담이 있다. 강한 사람들끼리 싸우는 통에 약한 사람이 해를 입게 된다는 뜻이다. 정치가 만연한 회사라는 조직에서 이러한 상황은 어쩌면 아주 빈번하게 마주하게 된다. 인턴이나 신입사원은 대부분 조직에 적응하기 바쁘기 때문에 선배 중 누군가를 꼴 보기 싫을 만큼 혐오하는 경우는 별로 없다. 하지만 어느 정도 회사생활에 짬이 생긴 3~4년 차 이상이 되면 부서장이 너무 싫어서 뒤에서 항상 뒷담화하는 사람, 앞에서 대놓고 갈등하는 사람, 일 안 하는 다른 동료를 뒷담화하는 사람 등 다양한 종류의 분노한 사람들이 등장한다.

비슷한 또래가 많은 한 팀은 겉으로 보이기엔 평화로웠지만, 내막은 아주 치열한 전쟁 통이었다. 강 팀장은 하라는 일은 안 하고 뺀질뺀질하게 시간만 보내는 7년 차 박 매니저가 아니꼽고, 7년 차 박 매니저는 시건방진 5년 차 윤 매니저가 마음에 안 들고, 윤 매니저는 일은 자신에게 왕창 부려먹으면서 정작 자신이 만든 성과는 모두 독차지하는 강 팀장이 꼴 보기 싫다는 것이다. A 인턴이 처음 들어왔을 때는 표면적으로 서로 친절하고 갈등도 없어서 문제가 없는 줄 알았다. 전쟁의 내막을 알게 된 건 인턴 생활을 시작한 지 1개월 정도 되어 윤 매니저, 박 매니저, 강 팀장 모두와 어느 정도 대화를 하고 나서부터다.

근무시간에 일하는 동안 이 세 명은 돌아가면서 A 인턴에게 메신저로 서로의 뒷담화를 했다. 윤 매니저는 강 팀장을, 강 팀장은 박 매니저를, 박 매니저는 윤 매니저를 험담하는 것이다. A 인턴에게는 이 세 명이 모두 잘 보이고 싶은 선배들이었고, 마냥 모두와 잘 지내고 싶었는데 정작 이들은 어떻게 서로를 깎아내릴지 항상 고민하는 사람들인 것만 같았다. '이 상황에서 나는 누구의 편을 들어야 하며, 어느 장단에 맞춰야 하는가?' 가장 현명한 정답은 누구의 편도 들지 않으면서 감정에 공감만 하는 것이다.

● 사례 1

강 팀장 : OO 씨, 윤 매니저 오늘 자리에 안보이지 않아? 요즘
맨날 근무시간에 커피나 마시러 다니는 것 같은데 또
커피 마시러 간 거 아냐? 오늘 할 일도 이렇게 많은
데 회사를 아주 놀러 다니나봐.

A 인턴 : 네, 저도 윤 매니저를 못 본 것 같긴 해요. 아이고, 오
늘 팀장님 많이 바빠 보이세요. 혹시 제가 도와드릴
만한 일이 있을까요?

● 사례 2

박 매니저 : 아휴, 강 팀장 너무 싫어요. 이번에 제안했던 건도
제가 수주를 했는데, 글쎄 제 이름은 쏙 빼고 상무
님한테 본인이 직접 한 것처럼 보고했지 뭐에요?
후배들 챙길 생각은 안 하고 왜 저렇게 비열하게
사는지 모르겠어요.

A 인턴 : 아휴, 매니저님 진짜 속상하셨겠네요. 그것 때문에 2
주 동안 고생 많이 하셨잖아요. 내일은 휴가시죠? 내
일 하루라도 푹 쉬시고 건강 챙기세요.

● 사례 3

윤 매니저 : OO 씨, 내가 오늘 박 매니저한테 외근 다녀오는

동안 문의 전화 좀 대신 받아달라고 했더니 본인도 오늘 문의 전화 대응할 게 많아서 못 한다고 하더라? 이 회사에서 본인만 일하는 줄 아나봐. 별것도 아닌 걸 가지고 무슨 똥배짱으로 저렇게 거절을 하지? 요즘 사업 좀 늘어나고 본부장한테 예쁨 받는다고 선배고 뭐고 눈에 보이는 게 없나?

A 인턴 : 아이고, 매니저님 많이 언짢으셨겠네요. 다음부터 급하시면 저한테 부탁하세요! 저는 자리에 항상 있어서 전화 당겨 받는데 전혀 문제없어요.

누군가의 편을 적극적으로 들기 시작하는 순간, 점점 팀 내에 니 편, 내 편이라고 하는 계파가 생기고 적이 생긴다. 회사에 적이 생기는 것만큼 피곤해지는 것이 없으며 결정적으로 인턴인 내가 회사에 적을 만들 이유가 없다. 저들은 당사자인 만큼 저마다 화가 나고 분한 이유라도 있지만 나는 그저 제3자일뿐이다. 정작 화날 이유도 없는데 누군가의 적이 되고 같이 험담했다는 말이 돌고 돌아서 당사자 귀에 들어갔을 때 그만큼 억울한 일이 없을 것이다. <mark>최대한 한쪽의 편을 들며 불필요하게 누군가를 같이 험담하는 일은 피하라.</mark>

결론적으로 강 팀장과 박 매니저, 윤 매니저는 불화가 심해져서 그 팀은 와해되었고 **뿔뿔**이 다른 부서로 흩어져서 조직에 큰 변화가 생겼다. A 인턴은 인턴 기간이 종료된 후에도 위 세 명과 각각 따로 연락하며 모두와 좋은 선후배 관계로 지내고 있다.

26.

일 안 하는 옆자리 동료

나와 같은 팀에서 같은 일을 함께하고 있는 옆자리 인턴이 사수 앞에서는 일을 세상 열심히 하는 것처럼 아부하면서 뒤에서는 본인의 일을 은근슬쩍 나한테 자꾸 떠넘긴다. 점점 분노가 치밀어 오르는 내가 할 수 있는 현명한 선택은 무엇일까?

여우 같은 A 인턴과 곰 같은 B 인턴이 100명의 고객 정보를 정리하는 업무를 함께 하고 있었다. 초반에 A 인턴은 팀장에게는 아주 싹싹하며 일도 빠릿빠릿하게 하는 것처럼 보였고, B 인턴은 일하는지 겉으로 잘 티가 나지 않게 묵묵히 일하는 스타일이었다.

어느 순간부터 곰 같던 B 인턴이 A 인턴에 대한 험담을 조금씩 팀장에게 털어놓기 시작했나. A 인턴이 모두 참석하는 회의 자리에서는 본인 일을 전부 다 한 것처럼 말하지만, 사실은 뒤에서 본인의 업무 중 일부를 B 인턴에게 은근슬쩍 자꾸 떠넘긴다는 것이다. 사유는 아주 다양했다.

"제가 오늘 일이 있어서 퇴근을 빨리 해야 해서 그런데,
대신 취합 마무리 좀 부탁드려요."
"팀장님이 다른 업무를 시키셔서 제가 이건 다 못할 것 같은데,
대신 좀 부탁드려요~"
"제가 맡은 부분이 작업이 좀 더 오래 걸리는 것 같은데,
이것 좀 대신 작업 부탁해요."
"제가 오늘 좀 바빠서, 이것 좀 대신 작업 해주세요."

누적되어 쌓여온 분노가 폭발한 B 인턴은 점점 더 험담이 심해져서 A 인턴과는 함께 일을 못하겠다, A 인턴의 얼굴만 봐도 화가 난다, 같이 말도 섞기 싫다는 의사까지 표출했다. 팀장은 A 인턴과 B 인턴의 업무를 각각 독립적으로 분리했고, 지속적으로 동일한 업무를 같이하지 않도록 조치를 취했다.

이 사례에서 B 인턴의 대응은 현명한 걸까? 절반은 현명했고

절반은 그렇지 않았다. 상사에게 업무 진행현황에 대해 문제가 있음을 보고한 것은 현명한 행동이다. 무조건 뒷말을 안 하는 것이 능사가 아니라, 상사가 문제 상황에 대해 인지해야 효율적인 업무 조치가 가능하기 때문이다.

그러나 동료에 대한 험담은 상사를 너무나도 피곤하게 만든다. 열을 내며 험담까지 하지 않고 본인이 한 업무에 대해서만(A 인턴의 업무까지 수행했음을) 상세하게 보고해도 상사는 이미 상황 파악이 된다. 그러나 상대를 험담하고 같이 일을 못 하겠다는 둥 선을 넘는 발언을 하기 시작할 때부터 상사에게는 인력관리에 필요 이상의 피로도가 생긴다. 최악의 경우 오히려 일을 더 많이 하며 피해를 보고도 뒤에서 불만 많은 욕쟁이가 되는 상황이 되어버릴 수 있다. 상사는 아무리 편해도 동네 언니 오빠가 아니며, 동료에 대한 뒷말에는 그에 대한 책임도 따른다. 곰처럼 일하되, 여우처럼 영리하게 보고하라. 그것으로도 충분하다.

27.

내일의 출근이
두려울 때

모든 직장인은 가슴 한 곳에 '사직서'를 품고 산다는 말이 있다. 그만큼 누구나 회사에서 제각각의 고비들이 자주 찾아온다는 것이 아닐까? 주말을 제외하면 직장인의 하루 중 가장 많은 시간을 보내는 공간이 회사다. 회사가 정신적으로, 감정적으로 나에게 큰 영향을 미치는 것은 어쩌면 당연한 것이다.

진상 고객에게 며칠 동안 시달려서 공황장애가 있는데 내일 많은 사람 앞에서 발표를 해야 해서, 상사가 얼굴만 보면 잔소리를 해서, 지금 하는 일이 지겨워서, 컨디션이 안 좋은데 장거리 출장을 가야 해서, 내일까지 보고서를 제출해야 하는데 밤을 새도 시간이 모자라서, 내일 중요한 미팅이 있는데 잘할 자신이 없어서 등 이렇게 출근하기 싫은 이유는 저마다 천차만별이다. 내가 10년 차 직장인이건, 출근한 지 얼마 안 된 인턴이건 이러한 순간은 누구나 주기적으로 찾아오기 마련이다.

이런 순간에 우리가 기억해야 할 것은 두 가지이다.

첫째는 "이 또한 지나가리라". 당장 내일 사직서를 던지고 나와서 내가 갈 수 있는 더 좋은 선택지들이 눈앞에 쌓여있는 것이 아니라면, 결국은 내 자리에서 버티는 자가 승자다. 내일 어떤 끔찍한 하루가 펼쳐지더라도 그다음 날은 또 오기 마련이다. 내일이 인생의 전부가 아니라는 뜻이다. 결국 시간이 지나고 나서 지금의 모습을 되돌아본다면, 내가 겪고 있는 고난들이 생각보다 부질없고 별것 아닌 경우가 많다. 이것을 머릿속에 한 번 더 새긴다면, 마음의 부담감과 불편함이 조금은 덜어질 것이다.

둘째는 스스로 "잘 못해도 괜찮다"라고 온 힘을 다해 격려하는 것. 지금까지 필자는 이 책에서 회사생활을 '잘'하는 방법에 대해 꾸준히 이야기해왔다. 하지만 일이라는 게 내 마음가짐과 의지만으로 다 잘 되는 것은 아니다. 회사에서 일을 잘하는 것은 다다익선이지만, 사람인데 어떻게 모든 것을 잘할 수만 있겠는가? 사람마다 자신이 가지고 있는 장·단점은 모두 다르며 저마다 알게 모르게 지닌 장점은 무엇이든 반드시 있다. 내가 지금 당장 마주한 일이 내가 잘하기 어려운 일이라면, 최선을 다하되 못해도 괜찮다고 나를 격려해줄 것. 그리고 내가 잘 할 수 있는 일이 무엇인지 또 찾아나가면 그뿐이다.

우리는 이제 겨우 회사생활의 시작점에 서 있는 것이 아닌가? 잠시 쉬어가도 괜찮고 옆으로 돌아가거나 조금 느리게 가도 괜찮다. 포기만 하지 말고 힘껏 나를 격려하며 버티다 보면 어느 순간 비슷한 자리에서 비슷한 고비가 다시 찾아왔을 때 아주 덤덤하게 넘기고 있는 내가 있을 것이다.

28.

업의 기본, 책임감

연락 두절

"팀장님, 곧 9시인데 zoom 회의실은 아직 개설도 안 됐고 온라인 담당자인 하 매니저는 연락 두절이 되어서 수업 진행을 못 하고 있습니다. 확인 부탁드려요."

9시 30분 유연근무제를 하는 팀장은 8시 50분경, 출근하는 길에 전화로 충격적인 소식을 접했다. 이 당시 코로나19 거리두기 4단계로 일부 팀의 수업은 모두 실시간 화상회의로 진행 중이었다. 여러 분반의 수업이 동시에 돌아가기 때문에 운영을 담당하는 직원들은 모두 매일 아침에 zoom 회의실을 개설하고 참석자들에게 링크를 공유하고 참석에 문제가 없는지 확인하는 역할을 한다. 출석 확인이 정상적으로 완료된 뒤에아 수업이 시작된다.

그러던 중 그날 아침 수업의 zoom 회의실 개설을 담당하는 인턴인 하 매니저가 갑자기 무단결석을 한 것이다. 출근길에 7번이나 하 매니저에게 전화를 했지만 받지 않았고, 아무런 문자 연락도 받지 못했다. 해당 수업을 개설할 수 있는 담당자 라이센스 계정은 하 매니저만 가지고 있었기 때문에 즉각적인 대응이 불가능했다. 수업을 준비하던 강사도, 20여 명의 참석자들도 계속 기다리고 있을 수밖에 없었다. 결국 다른 팀원이 별도의 라이센스 계정을 다시 만들고 대리로 개설을 해서 안내하기까지 시간이 많이 소요되었다.

문제 상황이 해결된 뒤에도 계속 하 매니저는 연락이 되지 않았다. 처음엔 전날 술을 거하게 하고 뻗었나 싶었는데 오전이 다지나도록 연락이 없으니 무슨 큰일이 난건 아닌가 걱정이 되기 시작했다. 혹시 출근길에 사고라도 난 건 아닌지, 어디가 아파서 응급실에 실려 간 건 아닌지……. 오후 1시가 넘어서야 하 매니저에게 연락이 왔다.

"죄송합니다 팀장님. 어제 밤에 약을 먹고 잠들었는데

알람을 깜빡했습니다."

"하 매니저, 어디 아파요?"

"엊그제 열은 안 나는데 몸살에 걸려서 장염인 것 같아 쉬고

경과를 보려고 했는데, 컨디션은 괜찮아졌는데…….

죄송합니다."

"하 매니저, 회사는 학교가 아니에요."

"네……."

"몸이 안 좋거나 아프면 전날에라도 미리 보고하고

휴가를 쓰고 쉬면 그만이에요. 사전 보고를 해야 팀에서

갑작스러운 공백에도 다른 대안을 찾을 수 있으니까.

근무시간에 아무런 사전보고 없는 연락 두절은 회사에서

절대 있을 수 없는 일이에요. 심지어 피치 못할 사정도 아니고

잠들었는데 못 일어났다니, 우리는 어린아이가 아니잖아요?

알람을 못 맞췄다는 것도 말도 안 되는 사유고.

회사는 장난이 아니에요. 아침부터 담당자가

연락 두절 되어서 참석자들이 전부 연락도 못 받고

대기한 채로 우왕좌왕하고 담당자 계정이며 연락 수단이며

사전에 아무것도 공유되지 않아서 다른 팀원들이

수습도 불가능하고. 이건 너무 무책임하지 않아요?"

"드릴 말씀이 없습니다. 제 책임입니다. 죄송합니다."

"매니저님 책임이지만, 그렇다고 매니저님이

벌어진 상황을 책임지지는 못하잖아요?

이런 일은 앞으로 절대 다시는 없어야 한다는 이야기입니다.

개인 사유든, 피치 못할 사정이 있든

회사에서 같은 일이 절대로 반복되는 일은 없어야 합니다."

"네 알겠습니다. 죄송합니다."

책임감 장착하기

학교 수업에 잠수를 타는 것과 회사에 연락 두절이 되는 것은 전혀 다른 문제다. 내가 늦잠을 자서 학교에 못 간 것으로 주로 피해를 보는 것은 나 자신이다. 내가 수업을 듣지 못하고, 내가 평가에 불이익을 받을 뿐이다. 내가 없어도 수업은 계획대로 진행되며, 팀 프로젝트를 진행하고 있는 것이 아니라면 다른 학생들이 피해를 보진 않는다.

그러나 회사에 연락 두절이 될 경우, 상황에 따라 수많은 이해관계자가 영향을 받거나 피해를 입는다. 당장 담당자를 기다리는 고객들, 담당자의 회신을 기다리고 있는 협력업체 담당자들이 문의도 못 한 채로 피해를 입는 것이다. 동료 팀원들은 본인의 업무를 하지 못하고 이 사태를 대신 수습해야 하는데 심지어 갑작스러운 연락 두절이라 인수인계도 되어있지 않다. 마치 수수께끼를 풀듯이 상황을 파악하고 해결 방법을 찾아야만 한다. 맡은 업무의 범

위에 따라서는 한 명의 갑작스러운 공백으로 팀 전체가, 부서 전체가 혼란을 겪는 경우도 많다.

이렇게 업무와 관련한 나의 행동이 반드시 이해관계자들에게 영향을 미치기 때문에 회사생활에서 책임감은 무엇과도 비교할 수 없을 만큼 가장 중요한 요소다. "제가 다 책임지겠습니다."라고 말한다고 한들, 이미 벌어진 문제 상황을 책임지는 것은 내가 아닌 타인인 경우가 대부분이며, 책임을 진다고 해서 피해 상황이 없었던 일이 되는 것도 아니다. 그래서 '책임을 지는 것'이 중요한 것이 아니라, '항상 책임감 있게' 회사생활과 업무에 임하는 것이 중요하다.

인턴이라고 해서 예외는 없다. 인턴은 배우면서 일한다는 것에 차이가 있을 뿐이지, 업무를 흉내만 내는 연습생이 아니다. 나는 이 회사 구성원이라는 것을 인지하고 책임감 있게 업무를 해야만 민폐 덩어리가 될 일 없이 업무다운 업무를 할 수 있고, 스스로 제대로 일을 배워갈 수 있다. 인턴 기간의 실패와 성공의 여부는 '책임감'이라는 마음가짐에 달렸다고 해도 과언이 아니다. 당신의 갑옷에 책임감부터 장착하고 출근해야 함을 기억하라.

29.

최선을 다 해봤다는
성취감

책임감과 더불어 인턴 기간 동안 반드시 경험해야 할 감정은 성취감이다. 성취감을 느끼지 못한 인턴 생활은 팥 없는 찐빵이나 다름없다. 그러나 인턴을 했다고 누구나 성취감을 얻는 것은 아니다. 같은 회사에서 같은 기간 동안 누군가는 전혀 성취감을 느끼지 못한 채 현타만 가득하게 인턴 생활을 마치기도 하고, 누군가는 소소하게나마 일하는 시간 동안 지속해서 성취감을 얻고 나가기도 한다.

이러한 성취감은 '내 역량의 최대치로 최선을 다했을 때' 제대로 발동한다. 일반적인 인턴 공고문을 살펴보면 대부분 담당업무에 대해 아래와 같이 아주 간단하게 명시되어 있다.

> [OOO사 콘텐츠 제작팀 인턴 공고]
> o 근무 기간 : 6개월
> o 근무부서 : 콘텐츠 제작팀
> o 담당업무
> – 사내 내부 소식지 제작
> – 사내 영상 콘텐츠 제작
> – 그 외 커뮤니케이션 업무 관련 운영 보조

이러한 업무를 하는 인턴으로 입사했을 때, A 인턴은 6개월 내내 자료조사와 전화 받기만 하다가 끝나고, B 인턴은 6개월 동안 기존에 수년 동안 유지해온 소식지의 디자인을 직접 개선하고 회사의 다양한 부서 담당 직원들과 직접 미팅하고 협업해보는 기회까지 얻게 된다. 이러한 두 사람의 차이는 '나의 역량을 얼마만큼 최선을 다해서 활용했는가?'에 따라 발생하는 결과이다.

두 사람의 인턴 생활 동안의 모습을 요약한다면 다음과 같다. A 인턴은 입사 후 꾸준히 수동적인 태도로 임한다. 본인이 자발적으로 일을 찾아서 하기보다는 상사가 지시하는 단발적인 업무만 수행하는 것이다. 상사가 정신이 없어서 일을 시키지 않을 때는

PC 메신저로 친구들과 온종일 수다를 떨고, 이번 주말에 어디로 놀러 갈지 맛집을 검색한다.

처음으로 주어진 사내 내부 소식지 제작 업무를 위해 부서의 이슈를 보내달라는 내용의 단체 메일을 20개의 부서 담당자에게 던져놓고, 먼저 회신 온 5개 부서의 내용부터 기존 소식지 양식에 그대로 복사 붙여넣기 하여 채워 넣는다. 내용의 질이 어떤지는 크게 관심이 없다. 단지 오늘 퇴근 시간에 칼같이 퇴근할 수 있도록 빠르게 작업을 마무리하여 결과물 파일을 상사에게 보내는 것이 목적이다.

B 인턴은 입사 후 주어지는 업무에서 끊임없이 개선점을 고민한다. 사내 내부 소식지 제작 업무를 위해 20개의 전체 부서에 주요 이슈 관련 자료 요청 메일을 던진 뒤, D-day까지 회신이 없는 10개 부서는 리마인드 유선 연락을 돌린다. 모수가 많아야 선별도 가능하기 때문이다. 그렇게 15개 내외의 부서로부터 자료를 취합한 후, 내용에 감동 포인트가 있는지, 흥미롭거나 화두가 될 만한 콘텐츠가 있는지, 전 부서의 직원들이 참고하면 좋을 만한 내용이 있는지 하나씩 검토 후에 5개 이슈를 추린다.

기존 소식지 양식에 내용을 옮기다 보니 특정 에피소드는 장문의 글보다는 사진 기반의 전달이 필요한데, 장문의 콘텐츠 중심인 기존 소식지 양식에 담기에 적합하지 않다는 생각이 든다. 이를 상사에게 보고하며 소식지 양식의 일부를 해당 콘텐츠에 맞게 수정하는 것이 어떨지 제안한다. 상사는 전사적으로 사내 소식지의 관심도가 많이 저하된 상황에서 사진 중심의 콘텐츠가 새로운 변화를 줄 것 같아서 진행하라고 지시한다. B 인턴은 해당 콘텐츠를 보낸 담당 부서에 연락하여 미팅을 잡고 추가 인터뷰를 진행하며 다양한 관련 사진을 전달받는다. 이렇게 B 인턴은 소소한 업무지만 맡은 소식지 한 파트를 온전히 본인의 노고가 반영된 결과물로 만들어낸다.

상사가 두 인턴의 결과물을 각각 접했을 때, A 인턴의 결과물은 단순한 자료취합 수준이고, B 인턴의 결과물은 시각적 요소가 가미된 창작물이라는 생각이 두 사람 각각의 이미지로 굳어진다. 그 후 A 인턴에게는 안전하게 단순 작업이 반복되는 자료취합 업무나 노가다성 수정작업만 지시하게 된다. B 인턴에게는 점점 소식지의 핵심 파트 제작 업무를 맡겨보며 B 인턴이 개선 의견을 내면 과감하게 이를 반영시킨다.

두 사람은 같은 포지션으로 입사했음에도 업무를 대하는 태도에 따라 각자가 6개월 동안 경험하게 되는 것들은 크게 다르다. 같은 기회라도 본인의 역량의 최대치로 최선을 다했는지에 따라서 주어지는 업무도, 경험할 기회도 달라지는 것이다. 이렇게 나에게 주어진 것 이상의 업무를 해내고 성과들을 인정받을 때의 성취감은 어떠한 물질적 보상과 상관없이도 충분히 만족스러울 수 있다.

과거에는 젊은 나이에 높지 않은 경쟁률로 비교적 쉽게 입사해서 승진도 때 되면 하는 것이 당연하던 시절도 분명히 있었을 것이다. 지금은 공개채용 신입사원 지원자에게 대놓고 회사 경력을 요구하는 사회다. 현업에서의 인턴 업무 경험은 이제 필수요건인 것이다. 어차피 시간과 노력이 들어가야 하는데 결과물이 자신에게 별 볼 일 없는 경험이라면 젊은 날의 시간이 얼마나 아깝겠는가?

30.

하고 싶은 일과
잘하는 일

 기업의 인사팀은 매년 신규인력을 채용할 때 이력서와 자기소개서부터 인·적성 시험, AI 면접, PT 면접, 코딩면접, 실무면접, 임원면접과 같이 다양한 방법을 동원해서 필요한 자리에 적합한 인재를 뽑고자 노력한다. 그러나 사실상 자기소개서와 면접으로는 지원자의 성향과 역량의 10%도 채 알아내지 못한다. 모든 지원자가 면접 자리에서는 이 회사가 시키는 모든 일에 열과 성을 다할 것이며, 나는 지금 채용하는 자리에 필요한 모든 준비가 되어있다고 외치기 때문이다. 심지어 신입사원의 경우에는 지원자 본인조차도 내가 잘하는 일이 무엇인지, 내가 하고 싶다고 생각하는 일이 실제로도 행복감을 느끼는 일인지를 스스로 잘 모르는 경우가 많다.

이렇게 입사한 신규인력 중에 운이 좋은 소수는 본인이 잘하고 좋아하는 일을 하겠지만, 대부분은 예상했던 것보다 일이 적성에 맞지 않거나, 내가 생각했던 업무가 실제로는 아니거나, 역량 미달로 업무 성과가 좋지 않은 등 다양한 사유로 입사 초기부터 전환배치나 이직을 고려하는 경우가 많다. 통계청이 발표한 '행정자료를 활용한 2019년 일자리이동통계' 결과에 따르면 연력별 일자리 이동률은 사회초년생인 30세 미만이 20.9%로 전 연령대에 걸쳐서 가장 높다. 신입사원으로 시작하는 첫 직장생활에서 본인의 적성에 맞지 않거나 하기 싫은 업무에 투입되는 미스매치는 몹시 흔한 일이라는 뜻이다.

이런 점들을 고려해볼 때, 정식 입사가 아닌 인턴 시기에 내가 현업의 업무들을 경험해보고 업무에서의 내 역량과 적성에 대해 파악하는 것은 직장생활의 출발선을 좀 더 의미 있게 시작할 좋은 기회다.

업무의 종류는 한 부서의 같은 팀 내에서도 아주 다양하다. 교육 사업을 하는 팀을 예로 들어보자. 고객사가 필요로 하는 교육을 제공하겠다고 제안하는 '영업', 교육과정 전반과 커리큘럼을 구성하는 '기획', 강사나 자문위원과 같이 전문가를 섭외하고 협업하는 '커뮤니케이션', 교육장에서 교육생들의 VOC를 수렴하고 관리하는 '현장 운영', 사업을 수행하는 동안 발생한 각종 비용을 처리하는 '행정' 등 하나의 팀이 굴러가기 위해서는 다양한 종류의 업무들이 맞물려 돌아간다.

이러한 환경에서는 한 사람이 다양한 업무를 동시에 수행하기도 하고, 여러 사람이 각각 한두 가지의 업무를 전문적으로 맡기도 하는데 이는 회사나 부서 상황에 따라 다르다. 보통 인턴십의 경우 업무 수준이 낮은 업무들부터 시작하기 때문에 부서의 다양한 잔업을 경험하며 업무를 배우는 전자의 경우가 많은 편이다.

교육 부서에서 인턴으로 처음 업무에 투입되었을 당시에 교육생 안내 및 대응(현장 운영)부터, 강사 및 이해관계자 관리(커뮤니케이션), 보고서 작성(문서 작업), 사업비 정산 업무(행정)까지 9개월의 시간 동안 나의 의지와 상관없이 정말 다양한 업무를 경험했다.

그중에서 다양한 사람들과 대면하여 소통하는 업무들은 나의 성향에도 꽤 잘 맞으면서 흥미도 많이 느꼈다. 반면에 숫자를 다루고 맞추며 증빙 자료를 꼼꼼하고 정갈하게 정리해야하는 행정 업무는 그 과정에서 업무 스킬은 많이 늘었지만, 심리적으로 흥미도 크게 느끼지 못했고, 내가 이 업무에 적합한 역량을 타고난 것은 아니라는 생각이 들었다.

　　인턴 시절 체득한 경험을 토대로 입사 후 현업에서도 주로 고객사나 상대를 설득하는 영업, 다양한 이해관계자들과 소통하고 관리하는 커뮤니케이션과 관련된 업무들을 중점적으로 도맡아 하면서 내 역량을 발휘하고 더 스킬을 쌓아갈 수 있었다. 어느 정도 자신감을 가지고 일을 하면서 업무 과정에서 성취감과 흥미도 느낄 수 있고, 이는 곧 실질적인 성과로도 연결되었다. 사회생활의 준비 단계에서 스스로가 가진 역량과 성향을 파악한 것이 직장생활의 첫 단추부터 시행착오를 줄이고 나의 커리어를 견고하게 다져주는 역할을 한 셈이다.

　　직장에서 처음부터 내가 원하는 일을 하는 것은 천운이다. 누구나 하고 싶은 업무가 있고 잘하는 업무가 있지만, 회사에 입사해서 내가 잘 할 수 있고 하고 싶은 일을 한다는 것은 아주 드문 일이다. 나의 업무 역량과 성향에 대해 스스로 빨리 파악할수록 현업에서 일이 맞지 않을 때 빠르고 현명한 판단을 할 수 있고, 업무를 선택할 기회가 나에게 주어졌을 때 영리하게 잡을 수 있다.

31.

자소서와 면접에 써먹을
에피소드 5가지

체험형 인턴 기간이 종료되고 나면 중요한 일을 열심히 한 사람이든 쉬운 업무조차 대충한 사람이든 누구나 자동으로 얻게 되는 것은 이 한 줄이다.

"2021. 01. 01. ~ 2021. 06. 30. /

회사명 / 부서 / 직위 / 담당 업무"

그러나 그 시간이 '쓸모 있는 경험'이었다고 판단되는 사람들이 반드시 남기는 것은 자기소개서와 면접 때 써먹을 수 있는 에피소드 5가지 이상이다. 이것의 유무는 곧 취업 성공의 실마리와도 긴밀하게 연결된다.

경력직 채용의 경우, 채용하고자 하는 회사에서 던지는 각종 질문은 해당 직무에 초점이 맞춰진 경우가 대부분이다. 이를테면 해당 직무와 관련된 경험, 해당 직무에 대한 이해도와 전문성, 퇴사 및 이직을 생각하는 사유 등 채용하고자 하는 직무와 포지션에 적합한 사람인지를 판단하는 평가의 비중이 가장 크다.

이와 달리 신입 직원 채용의 경우 직무에 대한 전문성도 물론 중요하지만, 해당 조직에 대한 적합도, 조직에서의 경험들, 인성과 성향, 나이와 성별까지 아주 다양한 평가지표를 종합적으로 고려하여 판단한다. 그러므로 특정 직무로 입사하기 위해 관련 전공을 공부하면서 지식을 습득했다고 하더라도 추가적인 준비가 되지 않아 채용에서 떨어지는 경우가 아주 많다.

정규직 전환 또는 신입사원 입사에 성공하기 위해 직무 관련 전문성에 +α로 반드시 확보해야 할 것은 나를 표현할 수 있는 유의미한 에피소드들이다. 최근의 자기소개서는 모든 항목이 경험 기반의 에피소드로 서술하게 되어있다. 특정 기능을 평가하기 위한 코딩면접, PT 면접 등을 제외하고는 실무면접에서도 자기소개서 기반의 심층 면접을 진행하는 경우가 많으며, 임원면접에서도 개별 에피소드에 대한 답변이 필요한 경우가 많다.

 아주 흔한 신입사원 채용 자기소개서 주요 문항의 예시는 아래
와 같다.

(자기소개서 문항 예시)

● 정해진 시간에 주어진 과업을 완수하기 위해 시간을 효율적으로
  관리하여 좋은 성과를 도출한 경험과 행동 및 결과 등을 기술하여
  주십시오.

● 귀하가 속한 조직에서 구성원들과 갈등이 발생했을 때, 이를 극복
  했던 구체적인 경험과 행동 및 결과 등을 기술하여 주십시오.

● 고객의 니즈를 충족시키기 위해 노력했던 경험을 서술하고, 그 상
  황에 대해 본인이 어떤 행동을 했는지 기술하여 주십시오.

● 자신이 가치관과 일치하지 않는 부탁을 받은 경험을 서술하고, 그
  상황에서 어떻게 행동했는지 기술하여 주십시오.

● 자발적으로 최고 수준의 목표를 세우고 끈질기게 성취한 경험을
  서술해 주십시오.

● 새로운 것을 접목하거나 남다른 아이디어를 통해 문제를 개선한
  경험을 서술해 주십시오.

 주요 문항의 에피소드들은 학창 시절에서 경험했을 수도 있고

인턴과 같은 조직 생활 중에서 경험했을 수도 있는 것들이 대부분이다. 그러나 이를 열람하는 평가자와 변섭관들은 철저히 재직자의 환경과 시선에서 답변을 읽어나간다. 평가자의 관점에서 글이 쉽게 잘 읽히고 공감이 가기 위해서는 회사 또는 조직에서의 실제 경험을 활용하는 것이 가장 좋다.

가령 '시간을 효율적으로 관리하여 좋은 성과를 도출한 경험' 이라는 문항에 대한 답변으로

- 학창 시절 팀 프로젝트를 수행하며 짧은 시간 안에 효율적으로 과제를 완성한 경험
- 인턴 시절 짧은 시간 동안 여러 가지의 업무를 수행하면서 효율을 높여 성과를 낸 경험

두 가지 모두 논리적으로는 적절한 답변일 수 있으나, 이를 평가하는 면접관이자 재직자 관점에서 관심이 가고 설득력 있는 스토리텔링은 후자일 것이 명확하다. 전자의 경우 아무리 보람되고 가치 있는 경험일지라도 재직자의 시선에서 공감이 가기보다는 지원자가 갓 졸업한 학생이라는 이미지부터 크게 와 닿게 할 것이다. 그렇다면 업무에서의 에피소드는 얼마나 대단한 경험들이어야 하는가.

(자기소개서 답변 예시)

정해진 시간에 주어진 과업을 완수하기 위하여 시간을 효율적으로 관리하여 좋은 성과를 도출했던 구체적인 경험과 자신의 행동 및 결과 등을 기술하여 주십시오. (500자)

두 마리의 토끼

효율적이고 꼼꼼한 업무 처리로 신뢰를 얻은 경험이 있습니다. 인턴으로 상·하반기 두 번의 북유럽 교육연수를 운영했습니다. 시간과 인력이 부족해지면서 저는 하반기에 교육생 관리를 혼자서 맡게 되었습니다. 그중에서도 교육생 여권 관리의 경우 여권이 누락되면 출국이 불가하거나 개인정보 유출 문제가 발생할 수 있기에 한 치의 실수 없이 확실하게 진행되어야 했습니다.

저는 업무 효율성을 높이기 위해 교육생 단별 체크리스트를 만들고 수령한 여권을 단별로 나눠서 관리했습니다. 일부 교육생의 사정으로 여권 수령이 늦어진 경우 한 명씩 이메일, 문자, 유선 통화의 3단계 확인 절차를 거쳐 여권 전달 상태를 꼼꼼하게 확인했고 이 또한 표를 만들어 한눈에 볼 수 있게 관리했습니다. 빈틈없는 여권 관리의 결과 교육생 모두 연수 당일에 오차 없이 무사히 출국할 수 있었습니다. 이 경험에서 저는 체계적인 업무 처리로 주어진 시간 내 꼼꼼함과 효율성을 모두 발휘할 수 있었습니다.

위 예시는 필자가 실제로 경험했고, 수많은 자기소개서의 "효율성", "꼼꼼함", "성과 도출", "업무 경험" 키워드와 관련된 문항마다 활용했던 에피소드다. 성과를 도출했다고 인식하기에는 아주 미미하지만, 그 과정을 설명하는 것은 꽤 자세하고 현실적이라는 느낌이 든다.

인턴 근무 기간 동안 얻어야 할 나의 에피소드들은 다음과 같은 조건을 충족해야 한다. 조직을 뒤흔들 만큼 대단한 성과는 아니지만, 내가 직접 경험했으며 나의 기여도가 높은 것이어야 한다. 그 과정에서 문제의식이나 개선점이 반드시 존재해야 하며 자세하게 기억할수록 상대에게 나를 설명하는 도구로 활용하기 좋다. 이렇게 단단한 에피소드가 상황 또는 종류별로 1가지씩 총 5가지 정도만 확보된다면 웬만한 자기소개서 문항과 나를 표현해야 하는 면접 자리에서 무리 없이 대응할 수 있다.

32.

인턴은 경험이지,
둥지가 아니야

나의 팀에서 함께 일했던 인턴들의 인턴십 종료 후의 커리어는 저마다 너무나도 다양했다. 인턴 생활이 끝난 후 졸업을 위해 대학으로 다시 복귀하거나, 공부를 디 하기 위해 대학원에 진학하거나, 취업에 성공하거나, 가업을 물려받거나, 기술을 배워 강의를 하거나, 스타트업 창업을 준비하는 등 다양한 소식들을 전해왔다. 개인적으로 신선함을 안겨줬던 소식은 본인의 전공이나 인턴 경험과는 전혀 상관없이 평소 취미로 해왔던 폴댄스에서 적성을 찾아서 폴댄스 강사 자격증을 따고 프리랜서 강사로 일한다는 소식이었다.

그중에 가장 마음이 쓰였던 케이스는 여기저기 옮겨 다니며 인턴을 두 번, 세 번씩 이어서 하던 후배들이었다. 공통점은 다들 일을 야무지게 잘하는 여성들이었다. 학교도 졸업한 상태였고 스펙도 괜찮았고 성격도 좋았고 일머리도 좋아서 당연히 인턴이 끝난 후에 '저 친구는 좋은 곳에 취업 잘하겠지?'라고 생각했다. 몇 달 후 갑작스럽게 오는 연락들은 "위원님 오랜만입니다. 잘 지내세요? 저는 이번에 OOO에 인턴 합격해서 다니고 있어요."라는 이야기들. 일단 메시지가 왔으니 "정말? 고생 많이 했겠다. 축하해! 열심히 살고 있구나."라고 답장은 했지만, 마음이 영 찜찜하면서 신경이 쓰이는 것이 사실이다. 이후 이 친구들과 따로 만나서 커피를 한잔하면서 속사정을 들어보니 대부분 이러하다.

"인턴으로 열심히 일하다가 끝나고 난 후, 막상 취업 준비를 하려니 그전보다 취업시장은 더 경쟁도 치열해지고 힘들어진 것 같았다. 내가 인턴으로 회사생활을 할 때 나름대로 조직에 적응도 잘했고 성과도 좋았는데 왜 인·적성검사만 보면 조직에 맞지 않다며 탈락이 되고 취업시장의 채용 프로세스는 왜 이리도 산 넘어 산인지…… 자소설닷컴이며 사람인이며 신입사원 공채 공고들은 이렇게 많은데 내가 지원하기에는 턱이 너무 높아 보인다.

대기업은 어차피 지원해도 또 떨어지겠지? 서류전형에 합격해봤자 최종면접에 올라가서 결국 여자라고 또 불합격되겠지. 그래도 얼마 전까지 규칙적인 회사생활을 했기 때문인지, 하는 일 없이 이렇게 취업준비생으로 오래 있는 것은 너무 마음이 불안하고 허전하네. 얼른 돈 벌어야 하는데 아르바이트라도 해야 하나? 아르바이트는 이력서를 쓸 때 회사에서 경력으로 안 쳐주니 안 되겠다. 어, 여기서 인턴을 뽑네? 내가 그래도 회사에서 일했던 경력이 있으니 인턴 채용은 지원하면 바로 합격하겠지? 그래. 일단 마음이 불안하니 당장 인턴이라도 지원해보자. 합격하면 다시 인턴 생활을 하면서 본격적으로 취업 준비를 병행해야겠다."

빨리 일자리를 얻어야 한다는 조급함과 초조함, 최종면접에서 고스펙지 혹은 남성에게 밀려서 아깝게 떨어진 경험의 빈복으로 생긴 트라우마, 정규직으로 취업을 못 할 것 같은 불안감. 이야기를 풀어내는 내내 겹겹이 쌓인 불안한 감정들이 느껴져서 더 안쓰러웠다. 그럼에도 불구하고 이러한 후배들에게 필자가 항상 위로 대신 답하는 조언이 있다.

"인턴은 경험일 뿐이지, 너의 둥지가 아니야."

당장은 인턴 채용이 빠르게 합격 통보를 받을 수 있으니 훨씬 쉬워 보이지만, 사실상 인턴은 취업을 하기 위한 경험이며 과정일 뿐이지 결과가 아니다. 인턴을 연달아서 하는 것과 정규직으로 취업을 하는 것은 비교 대상이 아니다. 취업 시장에서 인턴 경험이 있는 것은 분명한 장점이지만, 1년도 채 되지 않는 짧은 기간마다 여러 곳에 옮겨 다니며 비슷한 수준의 업무를 경험한 것은 유의미한 경쟁력이 되지는 않는다.

인턴 생활을 하면서 취업 준비를 병행하는 것도 어불성설이다. 인턴 생활도 신입 사원 만큼이나 녹록지 않다. 아무리 내가 인턴 경험이 있다고 해도 새로운 직장에 가면 다시 적응해야 하는 것이다. 그렇게 취업 준비를 병행해서 온종일 취업 준비에만 매진하는 취업준비생들과의 경쟁에서 이길 수 있을까? 대부분은 두 마리 토끼를 다 놓치게 될 뿐이다.

대한민국 취업준비생들의 최종 목표는 결국 나의 둥지를 찾는 것이다. 정규직으로 전환되거나 신입사원으로 입사하여 회사로부터 안정적인 고용관계에 대한 보호를 받으며, 업에서의 제3의 인생을 그려나가는 둥지 말이다. 그 과정은 인내가 필요하고 고통스럽고 초조하지만, 그것을 내가 회피하면 할수록 가야 하는 길은 끝없이 길어져만 간다. 인턴 생활은 제대로 보낸 알찬 경험 한 번이면 충분하다. 인턴은 이번 생에 한 번 할 때 후회 없게 제대로 해보자. 그 이후에는 뒤도 돌아보지 말고 취업문을 향해 직진만 하자.

에필로그
조금은 꼰대 같은 마음으로

퇴사 후 해외여행 또는 세계 일주하기, 퇴사 후 주식과 코인으로 돈 벌기, 퇴사 후 전업 유튜버 되기 등 오늘날 퇴사 장려 도서들은 서점에 무섭게 쏟아지고 있다. 심지어는 퇴사를 잘 할 수 있도록 계획하고 준비하는 방법을 알려주는 강의와 책들도 많다. 이렇게 모두가 퇴사를 권할 때, 회사생활 한번 제대로 해보자는 꼰대는 왜 없을까? 정녕 퇴사만이 아름다운 정답일까?

필자는 대학에 입학하고 취업 전선에 뛰어들기 전까지 프리랜서로 스크린 연기를 해왔다. 자유로움이 곧 행복이라고 생각해왔기 때문에 나는 평생 프리랜서 배우로 연기하며 살 줄 알았다. '9

to 6'라는 정해진 틀에 박혀서 한 조직에만 충성하며 사는 삶은 나에게는 절대 있을 수 없는 일이라고 확신했다. 무엇보다도 영화배우가 유년 시절부터 오래된 꿈이었고, 사람은 하고 싶은 일을 하며 사는 것이 옳다고 생각했다. 그렇게 거창한 내 꿈을 이루기 위해 3년이라는 시간 동안 많은 것을 포기하며 온 힘을 다해 도전했다.

그렇게 오래된 꿈을 결국 포기할 만큼 나를 진절머리 나게 만든 것은 '부당함'이었다. 뼈를 깎는 노력을 해왔지만 내 노력이 성과로 인정받기까지는 무수히 많은 외적인 요인과 운이 작용했다. 오디션에서 수많은 단계를 거쳐서 겨우 배역에 막 합격했는데 외부의 압력으로 합격자가 갑작스럽게 바뀌는 일이 허다했다. 나는 본디 타고난 성향이 '성과를 인정받는 것'과 같은 인정 욕구가 무엇보다 중요한 사람이었는데, 내가 원하는 일의 환경은 그 부분이 충족되기가 몹시 어려웠다.

막상 인턴을 해보고 입사도 해보고 나니 내가 막연하게 생각했던 '조직에 충성해야 한다'라는 강제성보다 조직에서의 소속감과 안정감이 훨씬 더 크게 와 닿았다. 무엇보다도 내가 최선을 다했을 때 그 성과를 누군가에게 인정받을 수 있다는 것이 좋았다. 물론 회사라는 것도 결국 다 사람이 하는 일이라 모든 것이 정당하고 옳은 것은 아니다. 어느 회사든 줄타기와 사내 정치, 승진 누락 등 부당함은 존재할 수 있겠으나 기본적으로 나의 '인정 욕구'가 일상에서부터 소소하게 충족되기에는 이만한 환경이 없었다. 조직은 나의 성향과 맞지 않다는 생각은 확신이 아니라 그저 나의 근거 없는 추측이었다. 내가 어떤 사람인지에 따라 의외로 회사생활이 잘 맞을 수도, 아닐 수도 있다는 것이다.

나는 젊은 시절 내가 하고 싶은 일에 할 수 있는 최선을 다 해봤기 때문에 후회는 없다. 그러나 그에 따른 기회비용으로 연기에 매진하고 휴학을 하는 동안 다른 동기들보다 동아리 활동, 대외활동, 공모전, 자격증 취득 등 취업을 위한 준비를 하지 못했다. 그래서 취업 전선에서 남들보다 두세 배로 열심히 해야만 했고, 또래의 다른 여자 신입사원들보다 늦은 나이에 입사했다.

남들보다 준비가 안 됐다는 두려움으로 취업 준비를 너무 열심히 했던 탓인지 갈수록 점점 더 힘들어지기만 하는 취업시장에서 어려움을 겪는 후배들, 우리 팀에서 너무 일을 잘했는데 종료 후 취업이 잘 안 되어 고생하는 인턴들을 볼 때마다 마음이 많이 쓰였다. 그리고 이들에게 회사에 취업하는 것이 얼마나 간절한지, 'MZ세대들이여, 퇴사하라'라는 이야기는 이들에게 얼마나 사치인지도 잘 안다.

그래서 필자는 조금 꼰대 같지만 이렇게 이야기해주고 싶다.

"인턴이든 신입사원이든 조직에서 일해 볼 수 있는 기회를 어렵게 잡게 된다면, 정말 제대로 회사생활 해보고, 제대로 한번 일해봐."

인턴이라면 정해진 계약기간 동안, 신입사원이라면 최소한 3년은 아무리 더럽고 치사해도 최선을 다 해봤으면 좋겠다. 수많은 선배 월급쟁이들이 "이놈의 회사, 언젠간 때려치워야지. 이직할 거야."라고 앓는 소리를 하며 사직서를 품에 안고 산다. 그럼에도 불구하고 '첫 직장'에서의 내 발걸음은 가장 중요하다. 대가를 고려할 정신도 없이 뭣 모르고 일에 모든 열정을 쏟아서 몰입할 수 있는, 비즈니스 인맥의 시작점들을 만나게 되는, 평생 써먹을 일미리와 업무 스킬을 기장 많이 배울 수 있는 시기이기 때문이다. 제대로 몰입해보고 나서야 회사생활이 나와 잘 맞는지 안 맞는지도 판단할 수 있다. 조직에서 온전히 나의 노고로 완성된 성과가 있고, 여기서 할 만큼 해봤다는 확신이 있고 나서 다른 길을 생각해도 늦지 않다.

수많은 역경과 고난을 뚫고 입사한 인턴들에게 막상 회사가 당신이 꿈꿔왔던 직장 같지 않을 때, 일도 회사생활도 낯설고 모르는 것 투성이라서 이 길이 맞는지 싶을 때. 그럼에도 불구하고 온 힘을 다해서 붙어있으라고 말해주는 꼰대도 한 명쯤은 있어야 하지 않을까?

TIP 1. 알아두면 작업이 빨라지는 '한컴오피스 한글' 주요 단축키

("03. 거슬리는 것이 없어야 내용이 읽힌다" 중)

● 기본 도구를 편리하게 사용하기

[Alt] + [N] : 새로운(New) 문서를 연다

[Alt] + [O] : 타 문서를 불러서 연다(Open)

[Ctrl] + [S], [Alt] + [S] : 문서를 저장(Save)한다

[Alt] + [V] : 다른 이름으로 문서를 저장한다

[Ctrl] + [P] : 인쇄(Print)한다

[Ctrl] + [A] : 문서 전체(All)를 선택한다

[Ctrl] + [Z] : 최근 실행을 취소한다

[Ctrl] + [Shift] + [Z] : 실행취소를 다시 되돌린다

● 중요!! 문서 작업의 속도와 완성도를 높이기

[Alt] + [C] (커서를 놓고) 서식을 복사한다

[Alt] + [C] (블록을 씌운 후) 복사한 서식을 적용한다

[Alt] + [Shift] + [W] : 글자 간격을 넓게(Wide)만든다

[Alt] + [Shift] + [N] : 글자 간격을 좁게(Narrow)만든다

[Ctrl] + [B] : 글씨 진하게(Bold) 처리한다

[Ctrl] + [I] : 글씨 기울임(Incline) 처리한다

[Ctrl] + [U] : 글씨 하단에 밑줄(Underline) 처리한다

[Ctrl] + [Shift] + [C] : 글을 가운데(Center)정렬한다

[Ctrl] + [Shift] + [R] : 글을 오른쪽(Right)정렬한다

[Ctrl] + [Shift] + [L] : 글을 왼쪽(Left)정렬한다

※ 한글파일은 긱 아이곤 위에 커서를 가져다 놓으먼 단축키가 보인다

TIP 2. 알아두면 작업이 빨라지는 'MS Office' 주요 단축키

(Word, Excel, PowerPoint 모두 동일)

● 기본 도구를 편리하게 사용하기

[Ctrl] + [N] : 새로운(New) 문서를 연다

[Ctrl] + [O] : 타 문서를 불러서 연다(Open)

[Ctrl] + [S] : 문서를 저장(Save)한다

[Ctrl] + [P] : 인쇄(Print)한다

[F12] : 다른 이름으로 저장한다

[Ctrl] + [F] : 특정 워딩 찾기(Find) 및 바꾸기를 한다

[Ctrl] + [A] : 문서/시트/장표 전체(All)를 선택한다

[Ctrl] + [Z] : 최근 실행을 취소한다

[Ctrl] + [P] : 인쇄(Print)한다

● 중요!! 문서 작업의 속도와 완성도를 높이기

[Ctrl] + [Shift] + [C] : 서식을 복사한다(여러 곳에 적용할 경우 두 번 클릭)

[Ctrl] + [Shift] + [V] 복사한 서식을 적용한다

[Ctrl] + [B] : 글씨 진하게(Bold) 처리한다

[Ctrl] + [I] : 글씨 기울임(Incline) 처리한다

[Ctrl] + [U] : 글씨 하단에 밑줄(Underline) 처리한다

TIP 3. 알아야 쓸 수 있는 엑셀 주요 함수 수식

● **기본적인 함수(수식) 편리하게 사용하기**

=SUM(a, b, c, …) : a,b,c, …을 모두 합한 값

=AVERAGE(a, b, c, …) : a,b,c, …의 평균값

=ROUND(a, x) : a를 소수점 x자리에서 반올림한 값

 cf. ROUNDDOWN : 버림 값 / ROUNDUP : 올림 값

=ABS(a) : a의 절댓값

=MAX(a, b, c, …) : a,b,c, … 중에 최댓값

=MIN(a, b, c, …) : a,b,c, … 중에 최솟값

=SUMPRODUCT(행 또는 열, 행 또는 열, …) : 각각의 행 또는 열의 값끼리 곱한 값들의 합

● **중요!! 속도와 완성도를 높일 수 있는 조건부 함수(수식)**

=IF(수식, a, b) : 수식이 성립하면 a, 성립하지 않으면 b

=COUNTIF(범위, 분류) : 선택한 범위 내에서 분류에 해당하는 값의 개수

cf. SUMIF : 조건에 해당하는 값의 합 / AVERAGEIF : 조건에 해당하는 값의 평균

=VLOOKUP(찾는 값, 참고할 영역, 불러올 열, 0 또는 1) : 찾는 값과 일치(또는 유사)한 열을 불러옴

=HLOOKUP(찾는 값, 참고할 영역, 불러올 행, 0 또는 1) : 찾는 값과 일치(또는 유사)한 행을 불러옴

● 그 외 알아두기

"한글" : 한글의 경우, "" 표시를 해야 입력 가능

행/열 번호 앞에 [$]직접 입력 or [F4] : 절대/상대 참조(행/열의 수식을 고정할 때 사용)

TIP 4. 복장 관련 팁

● 입사 첫날 팁

　- 입사 첫날은 되도록 정장 스타일이 무난하다. 우선 구두와 벨트는 기본 중의 기본으로 되도록 둘의 색을 맞추는 게 좋다.

　- 셔츠는 개인의 취향에 따라 색을 골라도 되지만, 잘 다려진 흰색 셔츠가 제일 좋다. 만약 진한 색깔의 속옷을 입게 되면 셔츠 위로 속옷의 색이 비치지 않도록 주의. 넥타이 정도는 좋아하는 색깔과 디자인으로 고르면 된다.

● 첫날이야 당연히 정장을 입으면 되지만 그다음 날부터는 회사의 드레스 코드, 즉 복장 규정을 따라야 한다. 항상 고객과 마주하는 업종의 경우에는 정장을 입는 것이 기본이나, 대부분 상황에 맞는 복장 규정을 정해놓고 있다. 상황에 따라 캐주얼 복장이 될 수도, 청바지나 면티 같은 자유로운 복장도 될 수도 있다.

● 두꺼운 지갑을 바지 뒷주머니에 넣어 엉덩이가 튀어나와 보이게 하거나, 바지 주머니에 동전을 넣어 걸을 때마다 '짤랑!' 소리가 나게 하지 않는 것도 사소하지만 신경 써야 할 부분이다.

TIP 5. 기본 상황별 매너

전화를 받을 때의 예절

● 상대방이 먼저 끊는 것을 확인하고 전화를 끊는 것이 예의다. 또한, 전화 끊기 전에 갑자기 생각나는 것이 있어서 이야기하려고 하는데 상대방이 전화를 끊은 상태라면 다시 전화를 해야 하는 번거로움도 있다.

● 스마트폰의 경우에는 전화를 끊는 소리가 상대방에게 들리지 않지만, 유선 전화기의 경우 덜커덕하면서 플라스틱끼리 부딪치는 소리가 상당히 귀에 거슬리게 마련이다. 수화기에서 덜커덕하고 상대방이 전화 끊는 소리가 들리면 '통화에 불만이 있나?'라고 생각하게 된다.

명함을 주고 받을 때

● 명함 지갑이나 케이스를 사용해 깨끗한 상태로 여유 있게 명함을 준비한다.

● 상대방이 읽기 쉽도록 명함의 위쪽이 자신을 향하도록 주며 자신의 소속과 이름을 확실하게 밝힌다.

● 손아래, 직급이나 서열이 낮은 사람이 먼저 명함을 전달하고, 다른 회사에 방문했다면 지위와 무관하게 방문한 사람이 먼저 건넨다.

● 받은 명함은 바로 명함 지갑에 넣지 않고 상대의 회사 및 소속과 이름을 확인한 후, 상대의 이름과 직책을 호명할 일이 생기면 직책으로 호명해 센스

와 매너 있게 대화를 나눈다.

● 받은 명함에 글씨 또는 낙서를 하거나 책상 위에 그냥 내버려 두지 말고, 명
함을 손에 쥐고 만지작거리거나 산만한 행동을 보이지 않는다.

TIP 6. 알아두면 쓸모있는 급여체 모음

● **크로스체크**(crosscheck)

'(정보, 수치 등을 다른 방법으로) 대조 및 검토하다'라는 뜻. 일반적으로 '검토해주실 수 있으십니까?'나 '확인 부탁드립니다'로 많이 사용하지만, 크로스체크라는 단어를 사용한다면 좀 더 다른 것과 대조해서 꼼꼼한 확인을 요구하는 의미

● **토스**(toss)

사전적 의미는 '(가볍게 아무렇게나) 던지다' 또는 '(음식재료를) 뒤집다' 등이 있지만, 실제 의미와 다르게 급여체에서는 '다른 사람에게 일을 넘기다'라는 뜻으로 쓰임

● **디벨롭**(develop)

'성장하다' 혹은 '개발하다' 뜻과 비슷하게, 누군가 '디벨롭 해주세요'라고 한다면 현재 구상 중이거나 시작 단계의 일을 좀 더 구체화시키거나 완성시키는 것을 의미

● **ASAP**(As soon as possible)

'as soon as possible'의 약어로 '가능한 한 빨리', '최대한 빨리'를 의미. 요청 사항을 최대한 빨리 해달라고 할 때, 다른 부서나 팀에 업무를 요청할 때 주로 사용

● **피드백**(feedback)

어떤 결과물에 대한 의견을 서로 솔직하게 이야기하고 조언하는 것

● **컨펌**(confirm)**과 피드백**(feedback)

컨펌은 '확인하다, 사실임을 보여주다'란 뜻으로 회사에서 작성되는 문서나 업무에 대한 상사의 확인, 진행, 승인을 뜻하며, 피드백은 어떤 결과물에 대한 의견을 서로 솔직하게 이야기하고 조언하는 것을 의미. "과장님, 어제 컨펌해주신 기획안, 피드백 주신대로 수정하였습니다"처럼 컨펌과 피드백은 같이 따라다니는 경우가 많음

● **어레인지**(arrange)

상황에 따라 다르게 적용될 수 있어 일의 맥락을 잘 파악해야 함. 보통은 내용, 문서, 제품을 정리할 때 쓰는 단어로, '어떠한 일을 처리한다'라는 의미로 사용하는 경우도 있음. 만약 누가 "미팅을 11시로 어레인지 해주세요"라고 요청했다면 미팅을 11시로 잡으면 됨

● **지출결의서**

회사의 돈을 사용할 때는 항상 근거가 있어야 하는데 이때 작성하는 것이 지출결의서로 '이러저러한 명목으로 회사의 돈을 얼마 쓰겠다'는 내용의 문서

● **품의서**

결재권자에게 어느 사안에 대해 승인해 줄 것을 요청하는 문서로 계약품의서, 구매품의서, 경리품의서, 지출품의서 등 여러 형태가 있음. 품의하려

는 내용을 간결하고 논리 정연하게 작성해야 정확하고 빠른 결재받을 수
있음

● 기안서

품의서보다는 좀 더 포괄적인 의미로 주로 업무상의 어떠한 안건을 결재
받기 위해 작성하는 문서. 품의서가 윗사람의 허락을 받기 위해 결재를 올
린 문서라면, 기안서는 검토를 바라는 문서로 진행하고자 하는 사안에 대
해 잘 정리한 제안이나 기획 같은 문서

● F.Y.I(For Your Information)

'For Your Information'의 약어로 '참고'라는 뜻. 메일과 문서에서 주로
쓰이는 표현으로 메일 끝에 참고할 내용을 넣을 경우에 '다음의 정보를 활
용하세요'라는 의미. F.Y.I가 적힌 메일을 받게 되면 그 이후에 나오는 내
용이 메일의 핵심인 경우가 많기 때문에 반드시 체크가 필요

● R&R(Role & Responsibility)

부서 혹은 개인의 역할과 책임을 명확하게 정하는 것. 회사 구성원들이 수
행해야 하는 역할과 그에 따른 책임을 정할 때 쓰는 용어로 팀 프로젝트가
많은 부서에서 일한다면 꼭 기억할 사항

● PM(Project Manager)

프로젝트를 진행할 때 해당 프로젝트의 전체 책임을 지고 있는 사람을 의미

● TFT(Task Force Team)

TF팀이라고 부르기도 하는 TFT는 회사의 일상적인 업무가 아닌 특별한

프로젝트를 수행하기 위해 각 부서에서 사람을 모아 팀을 만든 임시 조직